이해하기 쉬운 연구실안전법

이해하기 쉬운 연구실안전법

발행일	2021년 4월 9일

지은이	강만구, 김동걸		
펴낸이	손형국		
펴낸곳	(주)북랩		
편집인	선일영	편집	정두철, 윤성아, 배진용, 김현아, 이예지
디자인	이현수, 한수희, 김민하, 김윤주, 허지혜	제작	박기성, 황동현, 구성우, 권태련
마케팅	김회란, 박진관		
출판등록	2004. 12. 1(제2012-000051호)		
주소	서울특별시 금천구 가산디지털 1로 168, 우림라이온스밸리 B동 B113~114호, C동 B101호		
홈페이지	www.book.co.kr		
전화번호	(02)2026-5777	팩스	(02)2026-5747

ISBN	979-11-6539-685-5 13360 (종이책)	979-11-6539-686-2 15360 (전자책)

강만구, 김동걸 공저

이해하기 쉬운
연구실안전법

ACT ON THE ESTABLISHMENT OF SAFE LABORATORY ENVIRONMENT

연구실 안전 기본서

**2021년
연구실안전법
전부개정
완벽 반영**

**연구실안전관리사
자격 필독서**

북랩 book Lab

일러두기

본서의 내용은 연구실 안전환경 조성에 관한 법, 동법 시행령, 동법 시행규칙 및 고시 등을 토대로 기술하였습니다. 본문에서 이해하기 어려운 부분이나 법령의 이행 과정에서 추가적인 설명이 필요한 경우에는 아래의 이메일을 통해 문의주시기 바랍니다.

저자   **강만구** (kang10009@shai.or.kr)

　　　김동걸 (issc@safetysc.co.kr)

또한, 본문에서 법률의 명칭을 나타내는 경우에는 「연구실 안전환경 조성에 관한 법률」을 대신하여 약칭(연구실안전법)으로 나타내었습니다.

과학기술정보통신부에서 발표한 '연구실 안전관리 실태조사'에 따르면 해마다 중대사고를 포함하여 약 230건의 연구실 사고가 발생하고 있으며, 매년 증가하고 있는 추세입니다. 연구실 안전사고의 절반 이상은 보호구 미착용, 안전수칙 미준수, 정기안전교육 미준수 및 안전점검 불량 등에 의한 것으로 나타나고 있습니다.

이에 따라, 다양한 계층에서 연구실 안전에 대한 관심이 가중되고 있으며, 과학기술발전 등 연구환경 변화와 지속적으로 발생하는 연구실사고에 효율적으로 대응하기 위하여 정부주도 안전기술 개발 및 안전문화 확산의 적극 수행, 연구기관 등의 자율적이고 효율적인 안전관리체계 구축, 안전점검 대행 기관 등의 기술력 강화 등의 내용을 골자로 약 15여년 만에 연구실 안전환경 조성에 관한 법률이 전부개정되었습니다.

연구실 안전환경 조성에 관한 법률은 2005년 3월 제정, 5번의 일부개정을 거쳐, 2020년 6월 전부개정되어 시행중에 있으며, 대학 및 연구기관 등에 설치된 과학기술분야 연구실의 안전을 확보하고, 연구실사고로 인한 피해를 적절하게 보상하여 연구활동종사자의 건강과 생명을 보호하며, 안전한 연구환경을 조성하여 연구활동 활성화에 기여함을 목적으로 하는 본 법률을 바탕으로 대학 및 연구기관 등에서는 연구실의 안전확보를 위하여 적절한 안전·보건조치가 실시되어야 합니다.

이러한 배경으로 전부개정되어 시행중인 연구실 안전환경 조성에 관한 법률을 보다 쉽고 빠르게 다양한 계층의 사람들이 숙지하고 활용할 수 있는 서적의 필요성이 있어 본 저서를 집필하게 되었습니다.

본서는 전부개정된 연구실 안전환경 조성에 관한 법률을 바탕으로 법령의 순서와 일치하게 구성하였습니다. 제1장에서는 연구실 안전환경 조성에 관한 법률의 제정·개정현황, 목적, 정의 및 적용대상을, 제2장에서는 정부 및 대학·연구기관 등의 대표자 또는 해당 연구실의 소유자가 연구실 안전관리를 위한 연구실 안전환경 기반조성을, 제3장에서는 연구실 내 안전을 확보하기 위한 안전조치에 관한 내용을, 제4장에서는 연구실 내 사고발생 시 취하여야 할 연구실사고에 대한 대응 및 보상에 관한 사항을, 제5장에서는 연구실 안전환경 조성을 위한 지원에 대한 내용을, 제6장에서는 연구실안전관리사의 자격 및 직무에 관한 사항, 법령 위반 내용에 대한 신고 사항, 안전점검 또는 정밀안전진단 시 알게 된 내용에 대한 비밀 유지 등의 내용을 소주제로 구분하여 쉽게 볼 수 있도록 구성하였습니다. 또한 각 소주제에 해당하는 벌칙사항을 모두 나열하여 의무를 이행하지 않을 때에 부과되는 행정적 사항 등을 수록하여 안전보건활동을 위한 법조항의 중요성 및 이해도를 높였습니다.

마지막으로 본서의 집필과정에서 법률의 체계 및 해석에 도움을 주신 모든 분들에게 감사의 말을 전하며, 본서가 모든 대학·연구기관 등에서 연구실 안전환경 조성에 관한 법률의 적용과 안전보건활동에 기본서가 되기를 기대합니다.

2021년 3월
강만구, 김동걸

목차

제3장 | 연구실 안전조치

제4장 | 연구실사고에 대한 대응 및 보상

제5장 | 연구실 안전환경 조성을 위한 지원 등

제6장 | 기타

이해하기 쉬운
연구실안전법

제 1 장

연구실안전법
총칙

1-1

연구실 안전환경 조성에 관한 법률(약칭: 연구실안전법)의 체계

구분	제정	법률명
법률	국회	연구실 안전환경 조성에 관한 법률
시행령	대통령	연구실 안전환경 조성에 관한 법률 시행령
시행규칙	과학기술 정보통신부 과학기술 정보통신부	연구실 안전환경 조성에 관한 법률 시행규칙
행정규칙 (고시, 훈령, 예규 등)		[고시] 연구실 설치·운영에 관한 기준 [고시] 연구실 안전점검 및 정밀안전진단에 관한 지침 [고시] 안전점검 및 정밀안전진단 실시결과와 실태조사 등의 검토기준 　　　 및 절차 등에 관한 고시 [고시] 연구실 사전유해인자위험분석 실시에 관한 지침 [고시] 연구실 안전 및 유지관리비의 사용내역서 작성에 관한 세부기준 [고시] 안전관리 우수연구실 인증제 운영에 관한 규정 [고시] 연구실사고에 대한 보상기준 [훈령] 연구실 사고조사반 구성 및 운영규정 [훈령] 연구실안전심의위원회 운영규정

1-2
연구실 안전환경 조성에 관한 법률 제정(制定) 및 개정(改正) 현황

NO	연구실 안전환경 조성에 관한 법률	연구실 안전환경 조성에 관한 법률 시행령	연구실 안전환경 조성에 관한 법률 시행규칙
1	법률 제7425호, 2005. 3. 31., 제정 시행 2006. 4. 1.	대통령+령 제19434호, 2006. 3. 31., 제정 시행 2006. 4. 1.	과학기술부령 제83호, 2006. 3. 31., 제정 시행 2006. 4. 1.
2	법률 제10088호, 2010. 3. 17., 일부개정 시행 2010. 3. 17.	대통령령 제21118호, 2006. 3. 31., 일부개정 시행 2008. 11. 17.	교육과학기술부령 제117호, 2011. 9. 9., 일부개정 시행 2011. 9. 10.
3	법률 제10446호, 2011. 3. 9., 일부개정 시행 2011. 9. 10.	대통령령 제22841호, 2011. 4. 5., 일부개정 시행 2011. 4. 5.	교육과학기술부령 제157호, 2012. 8. 21., 일부개정 시행 2012. 8. 21.
4	법률 제10874호, 2011. 7. 21., 일부개정 시행 2011. 10. 22.	대통령령 제23129호, 2011. 9. 9., 일부개정 시행 2011. 9. 10.	미래창조과학부령 제44호, 2015. 7. 1., 일부개정 시행 2015. 7. 1.
5	법률 제12873호, 2014. 12. 30., 일부개정 시행 2015. 7. 1.	대통령령 제26345호, 2015. 6. 30., 일부개정 시행 2015. 7. 1.	미래창조과학부령 제88호, 2016. 12. 30., 일부개정 시행 2017. 1. 1.
6	법률 제15563호, 2018. 4. 17., 일부개정 시행 2018. 10. 18.	대통령령 제29240호, 2018. 10. 18., 일부개정 시행 2018. 10. 18.	미래창조과학부령 제92호, 2017. 3. 22., 일부개정 시행 2017. 9. 23.
7	**법률 제17350호, 2020. 6. 9., 전부개정 시행 2020. 12. 10. 시행 2022. 6. 10.**	대통령령 제30351호, 2020. 1. 14., 일부개정 시행 2020. 1. 14.	과학기술정보통신부령 제36호, 2019. 12. 30., 일부개정 시행 2019. 12. 30.
8		**대통령령 제31251호, 2020. 12. 10., 전부개정 시행 2020. 12. 10.**	과학기술정보통신부령 제39호, 2020. 1. 30., 일부개정 시행 2020. 1. 30.
9			과학기술정보통신부령 제36호, 2019. 12. 30., 일부개정 시행 2020. 7. 1.
10			**과학기술정보통신부령 제59호, 2020. 12. 18., 전부개정 시행 2020. 12. 18. 시행 2021. 12. 19.**

※ 타법개정 제외

1-3
연구실안전법의 목적 및 정의(연구실안전법 제1조, 제2조)

① 목적

연구실안전법은 대학 및 연구기관 등에 설치된 과학기술분야 연구실의 안전을 확보하고, 연구실사고로 인한 피해를 적절하게 보상하여 연구활동종사자의 건강과 생명을 보호하며, 안전한 연구환경을 조성하여 연구활동 활성화에 기여함을 목적으로 함

② 용어정의

① "대학·연구기관등"이란 다음 각 목의 기관을 말함

가. 「고등교육법」 제2조에 따른 대학·산업대학·교육대학·전문대학·방송대학·통신대학·방송통신대학·사이버대학 및 기술대학, 같은 법 제29조에 따른 대학원, 같은 법 제30조에 따른 대학원대학, 「과학기술분야 정부출연연구기관 등의 설립·운영 및 육성에 관한 법률」 제33조에 따른 대학원대학, 「근로자직업능력 개발법」 제39조에 따른 기능대학, 「한국과학기술원법」에 따른 한국과학기술원, 「광주과학기술원법」에 따른 광주과학기술원, 「대구경북과학기술원법」에 따른 대구경북과학기술원 및 「울산과학기술원법」에 따른 울산과학기술원

나. 국·공립연구기관

다. 「과학기술분야 정부출연연구기관 등의 설립·운영 및 육성에 관한 법률」의 적용을 받는 연구기관

라. 「특정연구기관 육성법」의 적용을 받는 특정연구기관

마. 「기초연구진흥 및 기술개발지원에 관한 법률」 제14조제1항제2호에 따른 기업부설연구소 및 연구개발전담부서

바. 「민법」 또는 다른 법률에 따라 설립된 과학기술분야의 법인인 연구기관

② "연구실"이란 대학·연구기관등이 연구활동을 위하여 시설·장비·연구재료 등을 갖추어 설치한 실험실·실습실·실험준비실을 말함

③ "연구활동"이란 과학기술분야의 지식을 축적하거나 새로운 적용방법을 찾아내기 위하여 축적된 지식을 활용하는 체계적이고 창조적인 활동(실험·실습 등을 포함)을 말함

④ "연구주체의 장"이란 대학·연구기관등의 대표자 또는 해당 연구실의 소유자를 말함

⑤ "연구실안전환경관리자"란 각 대학·연구기관등에서 연구실 안전과 관련한 기술적인 사항에 대하여 연구주체의 장을 보좌하고 연구실책임사 등 연구활동종사자에게 조언·지도하는 업무를 수행하는 사람을 말함

⑥ "연구실책임자"란 연구실 소속 연구활동종사자를 직접 지도·관리·감독하는 연구활동종사자를 말함

⑦ "연구실안전관리담당자"란 각 연구실에서 안전관리 및 연구실사고 예방 업무를 수행하는 연구활동종사자를 말함

⑧ "연구활동종사자"란 제3호에 따른 연구활동에 종사하는 사람으로서 각 대학·연구기관등에 소속된 연구원·대학생·대학원생 및 연구보조원 등을 말함

⑨ "연구실안전관리사"란 제34조제1항에 따라 연구실안전관리사 자격시험에 합격하여 자격증을 발급받은 사람을 말함

⑩ "안전점검"이란 연구실 안전관리에 관한 경험과 기술을 갖춘 자가 육안 또는 점검기구 등을 활용하여 연구실에 내재된 유해인자를 조사하는 행위를 말함

⑪ "정밀안전진단"이란 연구실사고를 예방하기 위하여 잠재적 위험성의 발견과 그 개선대책의 수립을 목적으로 실시하는 조사·평가를 말함

⑫ "연구실사고"란 연구실에서 연구활동과 관련하여 연구활동종사자가 부상·질병·신체장해·사망 등 생명 및 신체상의 손해를 입거나 연구실의 시설·장비 등이 훼손되는 것을 말함

⑬ "중대연구실사고"란 연구실사고 중 손해 또는 훼손의 정도가 심한 사고로서 사망사고 등 과학기술정보통신부령으로 정하는 사고를 말함

「연구실안전법 시행규칙」 제2조〔중대연구실사고의 정의〕

1. 사망자 또는 과학기술정보통신부장관이 정하여 고시하는 후유장해(부상 또는 질병 등의 치료가 완료된 후 그 부상 또는 질병 등이 원인이 되어 신체적 또는 정신적 장해가 발생한 것을 말함) 1급부터 9급까지에 해당하는 부상자가 1명 이상 발생한 사고

등급	후유장해
1급	1. 두 눈이 실명된 사람 2. 말하는 기능과 음식물을 씹는 기능을 완전히 잃은 사람 3. 신경계통의 기능 또는 정신기능에 뚜렷한 장해가 남아 항상 간병을 받아야 하는 사람 4. 흉복부장기에 뚜렷한 장해가 남아 항상 간병을 받아야 하는 사람 5. 반신마비가 된 사람 6. 두 팔을 팔꿈치관절 이상의 부위에서 잃은 사람 7. 두 팔을 완전히 사용하지 못하게 된 사람 8. 두 다리를 무릎관절 이상의 부위에서 잃은 사람 9. 두 다리를 완전히 사용하지 못하게 된 사람
2급	1. 한 눈이 실명되고 다른 눈의 시력이 0.02이하로 된 사람 2. 두 눈의 시력이 각각 0.02이하로 된 사람 3. 두 팔을 손목관절 이상의 부위에서 잃은 사람 4. 두 다리를 발목관절 이상의 부위에서 잃은 사람 5. 신경계통의 기능 또는 정신기능에 뚜렷한 장해가 남아 수시로 간병을 받아야 하는 사람 6. 흉복부장기의 기능에 뚜렷한 장해가 남아 수시로 간병을 받아야 하는 사람
3급	1. 한 눈이 실명되고 다른 눈의 시력이 0.06이하로 된 사람 2. 말하는 기능 또는 음식물을 씹는 기능을 완전히 잃은 사람 3. 신경계통의 기능 또는 정신기능에 뚜렷한 장해가 남아 일생동안 노무에 종사할 수 없는 사람 4. 흉복부장기의 기능에 뚜렷한 장해가 남아 일생동안 노무에 종사할 수 없는 사람 5. 두 손의 손가락을 모두 잃은 사람

등급	후유장해
4급	1. 두 눈의 시력이 각각 0.06이하로 된 사람 2. 말하는 기능과 음식물을 씹는 기능에 뚜렷한 장해가 남은 사람 3. 고막의 전부의 결손이나 그 외의 원인으로 인하여 두 귀의 청력을 완전히 잃은 사람 4. 한 팔을 팔꿈치관절 이상의 부위에서 잃은 사람 5. 한 다리를 무릎관절 이상의 부위에서 잃은 사람 6. 두 손의 손가락을 모두 제대로 못쓰게 된 사람 7. 두 발을 족근중족관절(리스프랑관절) 이상의 부위에서 잃은 사람
5급	1. 한 눈이 실명되고 다른 눈의 시력이 0.1이하로 된 사람 2. 한 팔을 손목관절 이상의 부위에서 잃은 사람 3. 한 다리를 발목관절 이상의 부위에서 잃은 사람 4. 한 팔을 완전히 사용하지 못하게 된 사람 5. 한 다리를 완전히 사용하지 못하게 된 사람 6. 두 발의 발가락을 모두 잃은 사람 7. 흉복부장기의 기능에 뚜렷한 장해가 남아 특별히 손쉬운 노무 외에는 종사할 수 없는 사람 8. 신경계통의 기능 또는 정신기능에 뚜렷한 장해가 남아 특별히 손쉬운 노무 외에는 종사할 수 없는 사람
6급	1. 두 눈의 시력이 각각 0.1이하로 된 사람 2. 말하는 기능 또는 음식물을 씹는 기능에 뚜렷한 장해가 남은 사람 3. 고막의 대부분의 결손이나 그 외의 원인으로 인하여 두 귀의 청력이 모두 귀에 입을 대고 말하지 아니하면 큰 말소리를 알아듣지 못하는 사람 4. 한 귀가 전혀 들리지 아니하게 되고, 다른 귀의 청력이 40센티미터 이상의 거리에서는 보통의 말소리를 알아듣지 못하게 된 사람 5. 척주에 극도의 기능장해나 고도의 기능장해가 남고 동시에 극도의 척추 신경근장해가 남은 사람 6. 한 팔의 3대 관절 중의 2개 관절을 못쓰게 된 사람 7. 한 다리의 3대 관절 중의 2개 관절을 못쓰게 된 사람 8. 한 손의 5개 손가락 또는 엄지손가락과 둘째손가락을 포함하여 4개의 손가락을 잃은 사람

등급	후유장해
7급	1. 한 눈이 실명되고 다른 눈의 시력이 0.6이하로 된 사람 2. 두 귀의 청력이 모두 40센티미터 이상의 거리에서는 보통의 말소리를 알아듣지 못하게 된 사람 3. 한 귀가 전혀 들리지 아니하게 되고, 다른 귀의 청력이 1미터 이상의 거리에서는 보통의 말소리를 알아듣지 못하게 된 사람 4. 신경계통의 기능 또는 정신기능에 뚜렷한 장해가 남아 손쉬운 일 외에는 하지 못하는 사람 5. 흉복부장기의 기능에 장해가 남아 손쉬운 일 외에는 하지 못하는 사람 6. 한 손의 엄지손가락과 둘째손가락을 잃은 사람 또는 엄지손가락이나 둘째손가락을 포함하여 3개 이상의 손가락을 잃은 사람 7. 한 손의 5개의 손가락 또는 엄지손가락과 둘째손가락을 포함하여 4개의 손가락을 제대로 못쓰게 된 사람 8. 한 발을 족근중족관절(리스프랑관절) 이상의 부위에서 잃은 사람 9. 한 팔에 가관절이 남아 뚜렷한 운동기능장해가 남은 사람 10. 한 다리에 가관절이 남아 뚜렷한 운동기능장해가 남은 사람 11. 두 발의 발가락을 모두 제대로 못쓰게 된 사람 12. 외모에 극도의 흉터가 남은 사람 13. 생식기의 기능을 완전히 상실한 사람 14. 척주에 극도의 기능장해나 고도의 기능장해가 남고 동시에 고도의 척추 신경근장해가 남은 사람 또는 척주에 중등도의 기능장해나 극도의 변형장해가 남고 동시에 극도의 척추 신경근장해가 남은 사람
8급	1. 한 눈이 실명되거나 한 눈의 시력이 0.02이하로 된 사람 2. 척주에 극도의 기능장해가 남은 사람, 척주에 고도의 기능장해가 남고 동시에 중등도의 척추신경근 장해가 남은 사람, 척주에 중등도의 기능장해나 극도의 변형장해가 남고 동시에 고도의 척추 신경근장해가 남은 사람 또는 척주에 경미한 기능장해나 중등도의 변형장해가 남고 동시에 극도의 척추 신경근장해가 남은 사람 3. 한 손의 엄지손가락을 포함하여 2개의 손가락을 잃은 사람 4. 한 손의 엄지손가락과 둘째손가락을 제대로 못쓰게 된 사람 또는 한 손의 엄지손가락이나 둘째손가락을 포함하여 3개 이상의 손가락을 제대로 못쓰게 된 사람 5. 한 다리가 5센티미터 이상 짧아진 사람 6. 한 팔의 3대 관절 중 1개 관절을 제대로 못쓰게 된 사람 7. 한 다리의 3대 관절 중 1개 관절을 제대로 못쓰게 된 사람 8. 한 팔에 가관절이 남은 사람 9. 한 다리에 가관절이 남은 사람 10. 한 발의 발가락을 모두 잃은 사람 11. 비장 또는 한쪽의 신장을 잃은 사람

등급	후유장해
9급	1. 두 눈의 시력이 각각 0.6이하로 된 사람 2. 한 눈의 시력이 0.06이하로 된 사람 3. 두 눈에 모두 반맹증·시야협착 또는 시야결손이 남은 사람 4. 두 눈의 눈꺼풀에 뚜렷한 결손이 남은 사람 5. 코가 결손되어 그 기능에 뚜렷한 장해가 남은 사람 6. 말하는 기능과 음식물을 씹는 기능에 장해가 남은 사람 7. 두 귀의 청력이 모두 1미터 이상의 거리에서는 큰 말소리를 알아듣지 못하게 된 사람 8. 한 귀의 청력이 귀에 입을 대고 말하지 아니하면 큰 말소리를 알아듣지 못하고 다른 귀의 청력이 1미터 이상의 거리에서는 보통의 말소리를 알아듣지 못하게 된 사람 9. 한 귀의 청력을 완전히 잃은 사람 10. 한 손의 엄지손가락을 잃은 사람 또는 둘째손가락을 포함하여 2개의 손가락을 잃은 사람 또는 엄지손가락과 둘째손가락외의 3개의 손가락을 잃은 사람 11. 한 손의 엄지손가락을 포함하여 2개의 손가락을 제대로 못쓰게 된 사람 12. 한 발의 엄지발가락을 포함하여 2개 이상의 발가락을 잃은 사람 13. 한 발의 발가락을 모두 제대로 못쓰게 된 사람 14. 생식기에 뚜렷한 장해가 남은 사람 15. 신경계통의 기능 또는 정신기능에 장해가 남아 종사할 수 있는 노무가 상당한 정도로 제한된 사람 16. 흉복부장기의 기능에 장해가 남아 종사할 수 있는 노무가 상당한 정도로 제한된 사람 17. 척주에 고도의 기능장해가 남은 사람, 척주에 중등도의 기능장해나 극도의 변형장해가 남고 동시에 중등도의 척추 신경근장해가 남은 사람, 척주에 경미한 기능장해나 중등도의 변형장해가 남고 동시에 고도의 척추 신경근장해가 남은 사람 또는 척주에 극도의 척추 신경근장해가 남은 사람 18. 외모에 고도의 흉터가 남은 사람

2. 3개월 이상의 요양이 필요한 부상자가 동시에 2명 이상 발생한 사고
3. 3일 이상의 입원이 필요한 부상을 입거나 질병에 걸린 사람이 동시에 5명 이상 발생한 사고
4. 법 제16조제2항 및 「연구실 안전환경 조성에 관한 법률 시행령」 제13조에 따른 연구실의 중대한 결함1)으로 인한 사고

1) 본서 제3장 연구실 안전조치 → 3-6 안전점검 및 정밀안전진단 실시 결과의 보고 및 공표 → ③ 결과의 보고 제①항 참조

⑭ "유해인자"란 화학적·물리적·생물학적 위험요인 등 연구실사고를 발생시키거나 연구활동종사자의 건강을 저해할 가능성이 있는 인자를 말함

1-4

연구실안전법의 적용 범위(연구실안전법 제3조)

① 개요

연구실안전법은 대학·연구기관등이 연구활동을 수행하기 위하여 설치한 연구실에 관하여 적용. 다만, 연구실의 유형 및 규모 등을 고려하여 대통령령으로 정하는 연구실에 관하여는 이 법의 전부 또는 일부를 적용하지 않을 수 있음

② 적용 범위

① 대학·연구기관등이 설치한 각 연구실의 연구활동종사자를 합한 인원이 10명 미만인 경우에는 각 연구실에 대하여 연구실안전법의 전부를 적용하지 않음

② (1)국·공립연구기관, (2)「과학기술분야 정부출연연구기관 등의 설립·운영 및 육성에 관한 법률」의 적용을 받는 연구기관, (3)「특정연구기관 육성법」의 적용을 받는 특정연구기관, (4)「기초연구진흥 및 기술개발지원에 관한 법률」에 따른 기업부설연구소 및 연구개발전담부서, (5)「민법」 또는 다른 법률에 따라 설립된 과학기술분야의 법인인 연구기관의 경우에는 다음 표에서 정하는 바에 따름

대상 연구실	적용하지 않는 법 규정

가. 상시 근로자 50명 미만인 연구기관, 기업부설연구소 및 연구개발전담부서	법 제10조【연구실안전환경관리자의 지정】
	법 제20조【교육·훈련】제3항 및 제4항
	
	법 제20조【교육·훈련】
	  ③ 연구실안전환경관리자는 연구실 안전에 관한 전문교육을 받아야 한다.
	  ④ 연구주체의 장은 연구실안전환경관리자가 제3항에 따른 전문교육을 이수하도록 하여야 한다.

나. 「통계법」에 따라 통계청장이 고시한 한국표준산업분류 대분류에 따른 농업, 임업 및 어업(01~03), 광업(05~08), 건설업(41~42), 도매 및 소매업(45~47), 운수 및 창고업(49~52), 숙박 및 음식점업(55~56), 정보통신업(58~63), 금융 및 보험업(64~66), 부동산업(68), 사업시설 관리, 사업지원 및 임대 서비스업(74~76), 공공행정, 국방 및 사회보장 행정(84), 교육서비스업(85), 보건업 및 사회복지 서비스업(86~87), 예술, 스포츠 및 여가관련 서비스업(90~91), 협회 및 단체, 수리 및 기타 개인 서비스업(94~96), 가구 내 고용활동 및 달리 분류되지 않은 자가소비 생산활동(97~98), 국제 및 외국기관(99)의 업종분류에 해당하는 기업의 과학기술분야 부설연구소	법 제10조【연구실안전환경관리자의 지정】 법 제20조【교육·훈련】제3항 및 제4항 다만, 연구실안전 실태조사 결과 과학기술정보통신부장관이 연구실안전환경관리자 지정이 필요하다고 인정하는 경우에는 해당 규정을 적용

■ 한국표준산업분류

○ 개요
- 한국표준산업분류는 생산단위(사업체단위, 기업체단위 등)가 주로 수행하는 산업 활동을 그 유사성에 따라 체계적으로 유형화한 것을 말함
- 한국표준산업분류는 통계법에 의거하여 통계자료의 정확성 및 국가 간의 비교성을 확보하기 위하여, 유엔에서 권고하고 있는 국제표준산업분류를 기초로 작성한 통계목적분류
- 한국표준산업분류는 통계목적 이외에도 일반 행정 및 산업정책관련 법령에서 적용대상 산업 영역을 결정하는 기준으로 준용되고 있음

○ 개정 연혁

1965. 9. 8.	제1차 개정(경제기획원고시 제20호)
1968. 2. 1.	제2차 개정(경제기획원고시 제1회)
1970. 3. 13.	제3차 개정(경제기획원고시 제1회)
1975. 12. 3.	제4차 개정(경제기획원고시 제5호)
1984. 1. 26.	제5차 개정(경제기획원고시 제71회)
1991. 9. 9.	제6차 개정(통계청고시 제91-1호)
1998. 2. 18.	제7차 개정(통계청고시 제1998-1호)
2000. 1. 7.	제8차 개정(통계청고시 제2000-1호)
2007. 12. 28.	제9차 개정(통계청고시 제2007-53호)
2017. 1. 13.	**제10차 개정(통계청고시 제2017-13호)**

○ 분류 구조
- 분류구조는 대분류(1자리, 영문대문자), 중분류(2자리 숫자), 소분류(3자리 숫자), 세분류(4자리 숫자), 세세분류(5자리 숫자)의 5단계로 구성

③ 「산업안전보건법」을 적용받는 연구실의 경우에는 다음 표에서 정하는 바에 따름

대상 연구실	적용하지 않는 법 규정
가. 「산업안전보건법」 제17조(안전관리자)를 적용받는 연구실	법 제10조【연구실안전환경관리자의 지정】
나. 「산업안전보건법」 제24조(산업안전보건위원회)를 적용받는 연구실	법 제11조【연구실안전관리위원회】
다. 「산업안전보건법」 제25조(안전보건관리규정의 작성), 제26조(안전보건관리규정의 작성·변경절차) 및 제27조(안전보건관리규정의 준수)를 적용받는 연구실	법 제12조【안전관리규정의 작성 및 준수】
라. 「산업안전보건법」 제29조(근로자에 대한 안전보건교육)를 적용받는 연구실	법 제20조【교육·훈련】
마. 「산업안전보건법」 제36조(위험성평가의 실시)를 적용받는 연구실로서 연구활동별로 위험성평가를 실시한 연구실	법 제19조【사전유해인자위험분석의 실시】
바. 「산업안전보건법」 제47조(안전보건진단)를 적용받는 연구실	법 제14조【안전점검의 실시】 법 제15조【정밀안전진단의 실시】
사. 「산업안전보건법」 제129조부터 제131조까지의 규정(건강진단)을 적용받는 연구실	법 제21조【건강검진】

> **ⓘ Tip**
>
> ■ **산업안전보건법 [소관부처: 고용노동부]**
>   - 산업안전보건법은 산업 안전 및 보건에 관한 기준을 확립하고 그 책임의 소재를 명확하게 하여 산업재해를 예방하고 쾌적한 작업환경을 조성함으로써 노무를 제공하는 사람의 안전 및 보건을 유지·증진함을 목적으로 함

④ 「고압가스 안전관리법」을 적용받는 연구실의 경우에는 다음 표에서 정하는 바에 따름. 이 경우 가목부터 다목까지의 규정에 따른 연구실에 적용하지 않는 법 규정은 고압가스와 관련된 부분으로 한정하고, 라목의 연구실에 적용하지 않는 법 규정은 고압가스 안전관리에 관계된 업무를 수행하는 자로 한정

대상 연구실	적용하지 않는 법 규정
가. 「고압가스 안전관리법」 제11조(안전관리규정)를 적용받는 연구실	법 제12조【안전관리규정의 작성 및 준수】
나. 「고압가스 안선관리법」 세13조(시설·용기의 안전유지) 또는 제20조(사용신고 등)제3항을 적용받는 연구실	법 제14조【안진짐김의 실시】 법 제15조【정밀안전진단의 실시】
다. 「고압가스 안전관리법」 제16조의2(정기검사 및 수시검사)를 적용받는 연구실	법 제14조【안전점검의 실시】 법 제15조【정밀안전진단의 실시】
라. 「고압가스 안전관리법」 제23조(안전교육)를 적용받는 연구실	법 제20조【교육·훈련】제1항 및 제2항 법 제20조【교육·훈련】 ① 연구주체의 장은 연구실의 안전관리에 관한 정보를 연구활동종사자에게 제공하여야 한다. ② 연구주체의 장은 연구활동종사자에 대하여 연구실사고 예방 및 대응에 필요한 교육·훈련을 실시하여야 한다.

ⓘ Tip

- **고압가스 안전관리법 [약칭: 고압가스법, 소관부처: 산업통상자원부]**
  - 고압가스 안전관리법은 고압가스의 제조·저장·판매·운반·사용과 고압가스의 용기·냉동기·특정설비 등의 제조와 검사 등에 관한 사항 및 가스안전에 관한 기본적인 사항을 정함으로써 고압가스 등으로 인한 위해(危害)를 방지하고 공공의 안전을 확보함을 목적으로 함

⑤ 「액화석유가스의 안전관리 및 사업법」을 적용받는 연구실의 경우에는 다음 표에서 정하는 바에 따름. 이 경우 가목부터 다목까지의 규정에 따른 연구실에 적용하지 않는 법 규정은 액화석유가스와 관련된 부분으로 한정하고, 라목의 연구실에 적용하지 않는 법 규정은 액화석유가스 안전관리에 관계된 업무를 수행하는 자로 한정

대상 연구실	적용하지 않는 법 규정
가. 「액화석유가스의 안전관리 및 사업법」 제31조 (안전관리규정)를 적용받는 연구실	법 제12조【안전관리규정의 작성 및 준수】
나. 「액화석유가스의 안전관리 및 사업법」 제32조 (시설과 용기의 안전유지)를 적용받는 연구실	법 제14조【안전점검의 실시】 법 제15조【정밀안전진단의 실시】
다. 「액화석유가스의 안전관리 및 사업법」 제38조 (정밀안전진단 및 안전성평가) 또는 제44조(액화석유가스 사용시설의 설치와 검사 등)제1항을 적용받는 연구실	법 제14조【안전점검의 실시】 법 제15조【정밀안전진단의 실시】
라. 「액화석유가스의 안전관리 및 사업법」 제41조 (안전교육)를 적용받는 연구실	법 제20조【교육·훈련】제3항 및 제4항 법 제20조【교육·훈련】 ③ 연구실안전환경관리자는 연구실 안전에 관한 전문교육을 받아야 한다. ④ 연구주체의 장은 연구실안전환경관리자가 제3항에 따른 전문교육을 이수하도록 하여야 한다.

> **ⓘ Tip**
>
> ■ **액화석유가스의 안전관리 및 사업법 [약칭: 액화석유가스법, 소관부처: 산업통상자원부]**
> - 액화석유가스의 안전관리 및 사업법은 액화석유가스의 수출입·충전·저장·판매·사용 및 가스용품의 안전 관리에 관한 사항을 정하여 공공의 안전을 확보하고 액화석유가스사업을 합리적으로 조정하여 액화석유가스를 직징이 공급·사용하게 함을 목적으로 함

⑥ 「도시가스사업법」을 적용받는 연구실의 경우에는 다음 표에서 정하는 바에 따름. 이 경우 가목의 연구실에 적용하지 않는 법 규정은 가스공급시설 또는 가스사용시설과 관련된 부분으로 한정하고, 나목의 연구실에 적용하지 않는 법 규정은 가스 안전관리에 관계된 업무를 수행하는 자로 한정

대상 연구실	적용하지 않는 법 규정
가. 「도시가스사업법」 제17조(정기검사 및 수시검사)를 적용받는 연구실	법 제14조【안전점검의 실시】 법 제15조【정밀안전진단의 실시】
나. 「도시가스사업법」 제30조(안전교육)를 적용받는 연구실	법 제20조【교육·훈련】제1항 및 제2항 법 제20조【교육·훈련】 ① 연구주체의 장은 연구실의 안전관리에 관한 정보를 연구활동종사자에게 제공하여야 한다. ② 연구주체의 장은 연구활동종사자에 대하여 연구실사고 예방 및 대응에 필요한 교육·훈련을 실시하여야 한다.

⑦ 「원자력안전법」을 적용받는 연구실의 경우에는 다음 표에서 정하는 바에 따름. 이 경우 적용하지 않는 법 규정은 연구용 또는 교육용 원자로 및 관계시설, 방사성동위원소 또는 방사선발생장치, 특정핵물질 등과 관련된 부분으로 한정

대상 연구실	적용하지 않는 법 규정
가. 「원자력안전법」 제30조(연구용원자로 등의 건설허가) 또는 제53조(방사성동위원소·방사선발생장치 사용 등의 허가 등)제1항 및 제3항을 적용받는 연구실	법 제12조【안전관리규정의 작성 및 준수】
나. 「원자력안전법」 제34조에 따라 준용되는 같은 법 제22조(검사) 또는 제56조(검사)를 적용받는 연구실	법 제14조【안전점검의 실시】 법 제15조【정밀안전진단의 실시】 법 제31조【검사】
다. 「원자력안전법」 제91조(방사선장해방지조치)를 적용받는 연구실	법 제14조【안전점검의 실시】 법 제15조【정밀안전진단의 실시】 법 제21조【건강검진】제1항 법 제21조【건강검진】 　① 연구주체의 장은 유해인자에 노출될 위험성이 있는 연구활동종사자에 대하여 정기적으로 건강검진을 실시하여야 한다.
라. 「원자력안전법」 제98조(보고·검사등)를 적용받는 연구실	법 제24조【연구실사고 조사의 실시】
마. 「원자력안전법」 제106조(교육훈련)제1항을 적용받는 연구실	법 제20조【교육·훈련】제1항 및 제2항 법 제20조【교육·훈련】 　① 연구주체의 장은 연구실의 안전관리에 관한 정보를 연구활동종사자에게 제공하여야 한다. 　② 연구주체의 장은 연구활동종사자에 대하여 연구실사고 예방 및 대응에 필요한 교육·훈련을 실시하여야 한다.

ⓘ Tip

■ **원자력안전법 [소관부처: 원자력안전위원회]**
- 원자력안전법은 원자력의 연구·개발·생산·이용 등에 따른 안전관리에 관한 사항을 규정하여 방사선에 의한 재해의 방지와 공공의 안전을 도모함을 목적으로 함

⑧ 「유전자변형생물체의 국가간 이동 등에 관한 법률」을 적용받는 연구실의 경우에는 다음 표에서 정하는 바에 따름

대상 연구실	적용하지 않는 법 규정
「유전자변형생물체의 국가간 이동 등에 관한 법률」 제22조(연구시설의 설치·운영)를 적용받는 연구실로서 같은 법 시행령 별표 1에 따른 안전관리등급이 3등급 또는 4등급인 연구실	법 제14조【안전점검의 실시】 법 제15조【정밀안전진단의 실시】

ⓘ Tip

- **유전자변형생물체의 국가간 이동 등에 관한 법률**
  [약칭: 유전자변형생물체법, 소관부처: 산업통상자원부]
  - 유전자변형생물체의 국가간 이동 등에 관한 법률은 「바이오안전성에 관한 카르타헤나 의정서」의 시행에 필요한 사항과 유전자변형생물체의 개발·생산·수입·수출·유통 등에 관한 안전성의 확보를 위하여 필요한 사항을 정함으로써 유전자변형생물체로 인한 국민의 건강과 생물다양성의 보전 및 지속적인 이용에 미치는 위해(危害)를 사전에 방지하고 국민생활의 향상 및 국제협력을 증진함을 목적으로 함

⑨ 「감염병의 예방 및 관리에 관한 법률」을 적용받는 연구실의 경우에는 다음 표에서 정하는 바에 따름

대상 연구실	적용하지 않는 법 규정
「감염병의 예방 및 관리에 관한 법률」 제23조(고위험병원체의 안전관리 등)를 적용받는 연구실	법 제14조【안전점검의 실시】 법 제15조【정밀안전진단의 실시】

> ℹ️ **Tip**
>
> ■ **감염병의 예방 및 관리에 관한 법률 [약칭: 감염병예방법, 소관부처: 질병관리청]**
> - 감염병의 예방 및 관리에 관한 법률은 국민 건강에 위해(危害)가 되는 감염병의 발생과 유행을 방지하고, 그 예방 및 관리를 위하여 필요한 사항을 규정함으로써 국민 건강의 증진 및 유지에 이바지함을 목적으로 한다.

1-5
국가의 책무(연구실안전법 제4조)

① 개요

국가는 연구실의 안전한 환경을 확보하기 위한 연구활동을 지원하는 등 필요한 시책을 수립·시행하여야 함

② 시책의 수립·시행

① 국가는 연구실 안전관리기술 고도화 및 연구실사고 예방을 위한 연구개발을 추진하고, 유형별 안전관리 표준화 모델과 안전교육 교재를 개발·보급하는 등 연구실의 안전환경 조성을 위한 지원시책을 적극적으로 강구하여야 함

② 국가는 연구활동종사자의 안전한 연구활동을 보장하기 위하여 연구 안전에 관한 지식·정보의 제공 등 연구실 안전문화의 확산을 위하여 노력하여야 함

③ 국가는 대학·연구기관등의 연구실 안전환경 및 안전관리 현황 등에 대한 실태를 다음과 같이 조사하고 그 결과를 공표할 수 있음

가. 실태조사 주기: 2년마다 실시하며, 필요한 경우에는 수시로 실태조사를 실시할 수 있음

나. 실태조사 시 포함사항

　1) 연구실 및 연구활동종사자 현황

　2) 연구실 안전관리 현황

　3) 연구실사고 발생 현황

　4) 그 밖에 연구실 안전환경 및 안전관리의 현황 파악을 위하여 과학기술정보통신부장관이 필요하다고 인정하는 사항

다. 과학기술정보통신부장관은 실태조사를 하려는 경우에는 해당 연구주체의 장에게 조사의 취지 및 내용, 조사 일시 등이 포함된 조사계획을 미리 통보하여야 함

④ 교육부장관은 대학 내 연구실의 안전 확보를 위하여 대학별 정보공시에 연구실 안전관리에 관한 내용을 포함하여야 함

1-6
연구주체의 장 등의 책무(연구실안전법 제5조)

① 연구주체의 장 책무

① 연구주체의 장은 연구실의 안전에 관한 유지·관리 및 연구실사고 예방을 철저히 함으로써 연구실의 안전환경을 확보할 책임을 지며, 연구실사고 예방시책에 적극 협조하여야 함

② 연구주체의 장은 과학기술정보통신부장관이 정하여 고시하는 연구실 설치·운영 기준에 따라 연구실을 설치·운영하여야 함

② 연구실책임자의 책무

연구실책임자는 연구실 내에서 이루어지는 교육 및 연구활동의 안전에 관한 책임을 지며, 연구실사고 예방시책에 적극 참여하여야 함

③ 연구활동종사자의 책무

연구활동종사자는 연구실안전법에서 정하는 연구실 안전관리 및 연구실사고 예방을 위한 각종 기준과 규범 등을 준수하고 연구실 안전환경 증진활동에 적극 참여하여야 함

1-7

연구실 설치·운영 기준(연구실안전법 제5조제②항, 과학기술정보통신부고시 연구실 설치운영에 관한 기준)

① 용어정의(연구실 설치·운영 기준에 한함)

① "고위험연구실"이란 연구개발활동 중 연구활동종사자의 건강에 위험을 초래할 수 있는 유해인자를 취급하는 연구실을 의미하며 연구실 안전환경 조성에 관한 법률 시행령 제11조제2항[2]에 해당하는 연구실을 말함

② "저위험연구실"이란 연구개발활동 중 유해인자를 취급하지 않아 사고발생 위험성이 현저하게 낮은 연구실을 의미하며 연구실 안전환경 조성에 관한 법률 시행령 별표3[저위험연구실]의 조건을 충족하는 연구실을 말함[3]

③ "중위험연구실"이란 제1호 및 제2호에 해당하지 않는 연구실을 말함

② 설치·운영 기준의 적용

① 2023년 1월 1일부터 적용

② ❸연구실 설치·운영 기준에서 ①주요구조부 중 연구·실험공간과 사무공간 분리는 시행일 이후 신축·구축·구조변경(리모델링 등)되는 연구실부터 적용

---

2) 본서 제3장 연구실 안전조치 → 3-5 정밀안전신난의 실시 → 2 성밀안선신난 대상 및 실시시기 → 제②항에 해당

3) 본서 제3장 연구실 안전조치 → 3-4 안전점검의 실시 → 3 저위험연구실 참조

③ 연구실 설치·운영 기준

① 주요구조부

구 분		준 수 사 항	연구실위험도		
			저위험	중위험	고위험
공간분리	설치	연구·실험공간과 사무공간 분리	권장	권장	필수
벽 및 바닥	설치	기밀성 있는 재질, 구조로 천장, 벽 및 바닥 설치	권장	권장	필수
		바닥면 내 안전구획 표시	권장	필수	필수
출입통로	설치	출입구에 비상대피표지 (유도 등 또는 출입구·비상구 표지) 부착	필수	필수	필수
		사람 및 연구장비·기자재 출입이 용이하도록 주 출입통로 적정 폭, 간격 확보	필수	필수	필수
조명	설치	연구활동 및 취급물질에 따른 적정 조도값 이상의 조명장치 설치	권장	필수	필수

② 안전설비

구 분		준 수 사 항	연구실위험도		
			저위험	중위험	고위험
환기설비	설치	기계적인 환기설비 설치	권장	권장	필수
		국소배기설비 배출공기에 대한 건물 내 재유입 방지 조치	권장	권장	필수
	운영	주기적인 환기설비 작동상태 (배기팬 훼손상태 등) 점검	권장	권장	필수

구 분		준 수 사 항	연구실위험도		
			저위험	중위험	고위험
가스설비	설치	조연성가스와 가연성가스 분리보관	-	**필수**	**필수**
		가스용기 전도방지장치 설치	-	**필수**	**필수**
		취급 가스에 대한 경계, 식별, 위험표지 부착	-	**필수**	**필수**
		가스누출검지경보장치 설치	-	**필수**	**필수**
	운영	사용 중인 가스용기와 사용 완료된 가스용기 분리보관	-	**필수**	**필수**
		가스배관 내 가스의 종류 및 방향 표시	-	**필수**	**필수**
		주기적인 가스누출검지경보장치 성능 점검	-	**필수**	**필수**
전기설비	설치	분전반 접근 및 개폐를 위한 공간 확보	권장	**필수**	**필수**
		분전반 분기회로에 각 장치에 공급하는 설비목록 표기	권장	**필수**	**필수**
		고전압장비 단독회로 구성	권장	**필수**	**필수**
		전기기기 및 배선 등의 모든 충전부 노출방지 조치	권장	**필수**	**필수**
	운영	콘센트, 전선의 허용전류 이내 사용	**필수**	**필수**	**필수**
소방설비	설치	화재감지기 및 경보장치 설치	**필수**	**필수**	**필수**
		취급 물질로 인해 발생할 수 있는 화재유형에 적합한 소화기 비치	**필수**	**필수**	**필수**
		연구실 내부 또는 출입문, 근접 복도 벽 등에 피난안내도 부착	**필수**	**필수**	**필수**
	운영	주기적인 소화기 충전상태, 손상여부, 압력저하, 설치불량 등 점검	**필수**	**필수**	**필수**

③ 안전장비

구 분		준 수 사 항	연구실위험도		
			저위험	중위험	고위험
긴급 세척장비	설치	연구실 및 인접 장소에 긴급세척장비 (비상샤워장비 및 세안장비) 설치	-	필수	필수
		긴급세척장비 안내표지 부착	-	필수	필수
	운영	주기적인 긴급세척장비 작동기능 점검	-	필수	필수
시약장❶	설치	강제배기장치 또는 필터 등이 장착된 시약장 설치	-	권장	필수
		충격, 지진 등에 대비한 시약장 전도방지조치	-	필수	필수
	운영	시약장 내 물질 물성이나 특성별로 구분 저장(상 호 반응물질 함께 저장 금지)	-	필수	필수
		시약장 내 모든 물질 명칭, 경고표지 부착	-	필수	필수
		시약장 내 물질의 유통기한 경과 및 변색여부 확 인·점검	-	필수	필수
		시약장별 저장 물질 관리대장 작성·보관	-	권장	필수
국소배기 장비 등 ❷	설치	흄후드 등의 국소배기장비 설치	-	필수	필수
		적합한 유형, 성능의 생물안전작업대 설치	-	권장	필수
	운영	흄, 가스, 미스트 등의 유해인자가 발생되거나 병원성미생물 및 감염성물질 등 생물학적 위험 가능성이 있는 연구개발활동은 적정 국소배기 장비 안에서 실시	-	필수	필수
		주기적인 흄후드 성능(제어풍속) 점검	-	필수	필수
		흄후드 내 청결상태 유지	-	필수	필수
		생물안전작업대 내 UV램프 및 헤파필터 점검	-	필수	필수

구 분		준 수 사 항	연구실위험도		
			저위험	중위험	고위험
폐기물 저장장비	설치	「폐기물관리법」에 적합한 폐기물 보관 장비·용기 비치	-	필수	필수
		폐기물 종류별 보관표지 부착	-	필수	필수
	운영	폐액 종류, 성상별 분리 보관	-	필수	필수
		연구실 내 폐기물 보관 최소화 및 주기적인 배출·처리	-	필수	필수

❶ 연구실 내 화학물질 등 보관 시 적용
❷ 연구실 내 화학물질, 생물체 등 취급 시 적용

④ 그 밖의 연구실 설치·운영 기준

구 분		준 수 사 항	연구실위험도		
			저위험	중위험	고위험
연구·실험 장비	설치	취급하는 물질에 내화학성을 지닌 실험대 및 선반 설치	권장	권장	필수
		충격, 지진 등에 대비한 실험대 및 선반 전도방지조치	권장	필수	필수
		레이저장비 접근 방지장치 설치	-	필수	필수
		규격 레이저 경고표지 부착	-	필수	필수
		고온장비 및 초저온용기 경고표지 부착	-	필수	필수
		불활성 초저온용기 지하실 및 밀폐된 공간에 보관·사용 금지	-	필수	필수
		불활성 초저온용기 보관장소 내 산소농도측정기 설치		필수	필수
	운영	레이저장비 사용 시 보호구 착용	-	필수	필수
		고출력 레이저 연구·실험은 취급·운영 교육·훈련을 받은 자에 한해 실시	-	권장	필수

구 분		준 수 사 항	연구실위험도		
			저위험	중위험	고위험
일반적 연구실 안전수칙	운영	연구실 내 음식물 섭취 및 흡연 금지	필수	필수	필수
		연구실 내 취침 금지 (침대 등 취침도구 반입 금지)	필수	필수	필수
		연구실 내 부적절한 복장 착용 금지 (반바지, 슬리퍼 등)	권장	필수	필수
화학물질 취급·관리	운영	취급하는 물질에 대한 물질안전보건자료 (MSDS) 게시·비치	-	필수	필수
		성상(유해 특성)이 다른 화학물질 혼재보관 금지	-	필수	필수
		화학물질과 식료품 혼용 취급·보관 금지	-	필수	필수
		유해화학물질 주변 열, 스파크, 불꽃 등의 점화원 제거	-	필수	필수
		연구실 외 화학물질 반출 금지	-	필수	필수
		화학물질 운반 시 트레이, 버켓 등에 담아 운반	-	필수	필수
		취급물질별 적합한 방제약품 및 방제장비, 응급조치 장비 구비	-	필수	필수
기계·기구 취급·관리	설치	기계·기구별 적정 방호장치 설치	-	필수	필수
	운영	선반, 밀링장비 등 협착 위험이 높은 장비 취급 시 적합한 복장 착용(긴 머리는 묶고 헐렁한 옷, 불필요 장신구 등 착용 금지 등)	-	필수	필수
		연구·실험 미실시 시 기계·기구 정지	-	필수	필수

구 분		준 수 사 항	연구실위험도		
			저위험	중위험	고위험
생물체 취급·관리	설치	출입구 잠금장치 (카드, 지문인식, 보안시스템 등) 설치	-	권장	**필수**
		출입문 앞 생물안전표지 부착	-	**필수**	**필수**
		고압증기멸균기 설치	-	권장	**필수**
		에어로졸의 외부 유출 방지기능이 있는 원심분리기 설치	-	권장	**필수**
	운영	출입대장 비치 및 기록	-	권장	**필수**
		연구·실험 시 기계식 피펫 사용	-	**필수**	**필수**
		연구·실험 폐기물은 생물학적 활성을 제거 후 처리	-	**필수**	**필수**

* 연구실 내 해당 연구·실험장비 사용 시 적용

이해하기 쉬운
연구실안전법

제 2 장

연구실
안전환경 기반 조성

2-1

연구실 안전환경 조성 기본계획(연구실안전법 제6조)

① 개요

정부는 연구실사고를 예방하고 안전한 연구환경을 조성하기 위하여 5년마다 연구실 안전환경 조성 기본계획을 수립·시행하여야 함

② 기본계획의 심의

기본계획 및 해당 기본계획을 변경하는 경우에는 연구실안전심의위원회의 심의를 거쳐 확정

③ 기본계획에 포함되어야 할 사항

① 연구실 안전환경 조성을 위한 발전목표 및 정책의 기본방향

② 연구실 안전관리 기술 고도화 및 연구실사고 예방을 위한 연구개발

③ 연구실 유형별 안전관리 표준화 모델 개발

④ 연구실 안전교육 교재의 개발·보급 및 안전교육 실시

⑤ 연구실 안전관리의 정보화 추진

⑥ 안전관리 우수연구실 인증제 운영

⑦ 연구실의 안전환경 조성 및 개선을 위한 사업 추진

⑧ 연구안전 지원체계 구축·개선

⑨ 연구활동종사자의 안전 및 건강 증진

⑩ 그 밖에 연구실사고 예방 및 인진환경 조성에 관한 중요사항

④ 기본계획의 수립·시행

① 과학기술정보통신부장관은 기본계획을 수립하기 위하여 필요한 경우 관계 중앙
행정기관의 장 및 지방자치단체의 장에게 필요한 자료의 제출을 요청할 수 있음

② 과학기술정보통신부장관은 기본계획의 수립 시 관계 중앙행정기관의 장, 지방자
치단체의 장, 연구실 안전과 관련이 있는 기관 또는 단체 등의 의견을 수렴할 수
있음

③ 과학기술정보통신부장관은 기본계획이 확정되면 지체 없이 중앙행정기관의 장
및 지방자치단체의 장에게 통보하여야 함

2-2
연구실안전심의위원회(연구실안전법 제7조)

① 개요

과학기술정보통신부장관은 연구실 안전환경 조성에 관한 사항을 심의하기 위하여 연구실안전심의위원회를 설치·운영함

② 심의사항

① 기본계획 수립·시행에 관한 사항

② 연구실 안전환경 조성에 관한 주요정책의 총괄·조정에 관한 사항

③ 연구실사고 예방 및 대응에 관한 사항

④ 연구실 안전점검 및 정밀안전진단 지침에 관한 사항

⑤ 그 밖에 연구실 안전환경 조성에 관하여 위원장이 회의에 부치는 사항

③ 위원회의 구성

① 심의위원회는 위원장 1명을 포함한 15명 이내의 위원으로 구성

② 심의위원회의 위원장은 과학기술정보통신부차관이 되며, 위원은 연구실 안전 분야에 관한 학식과 경험이 풍부한 다음의 사람 중에서 과학기술정보통신부장관이 위촉

　가. 연구실 안전 또는 그 밖의 안전 분야를 전공한 사람으로서 대학·연구기관등 또는 「공공기관의 운영에 관한 법률」 제4조에 따른 공공기관에서 부교수 또는 책임연구원 이상으로 재직하고 있거나 재직했던 사람

　　나. 교육부, 과학기술정보통신부, 행정안전부 및 고용노동부의 고위공무원단에 속하는 공무원 중

　　　소속 기관의 장이 지명하는 사람

　　다. 그 밖에 연구실 안전이나 일반 안전 분야에 관한 지식과 경험이 풍부한 사람

③ 심의위원회 위원장은 심의위원회를 대표하고, 심의위원회의 사무를 총괄

④ 위원장이 부득이한 사유로 직무를 수행할 수 없을 때에는 위원장이 미리 지명한 위원이 그 직무를 대행

⑤ 제②항 가호 또는 다호에 따라 위촉된 심의위원회 위원의 임기는 3년으로 하며, 한 차례만 연임할 수 있음

④ 위원회의 운영

① 심의위원회의 회의는 정기회의와 임시회의로 구분

② 정기회의는 연 2회 개최하며, 임시회의는 위원장이 필요하다고 인정할 때 또는 재적위원 3분의 1 이상이 요구할 때 개최

③ 심의위원회의 회의는 재적위원 과반수의 출석으로 개의(開議)하고, 출석위원 과반수의 찬성으로 의결

④ 심의위원회의 활동을 지원하고 사무를 처리하기 위하여 심의위원회에 간사 1명을 두며, 간사는 과학기술정보통신부장관이 과학기술정보통신부 소속 공무원 중에서 지명

2-3

연구실 안전관리의 정보화(연구실안전법 제8조)

① 개요

과학기술정보통신부장관은 연구실 안전환경 조성 및 연구실사고 예방을 위하여 연구실사고에 관한 통계, 연구실 안전 정책, 연구실 내 유해인자 등에 관한 정보(이하 "연구실안전정보")를 수집하여 체계적으로 관리하여야 하며, 이를 위해 연구실안전정보시스템을 구축·운영하여야 함

② 연구실안전정보시스템의 구축

과학기술정보통신부장관은 연구실안전정보시스템을 구축하는 경우 다음의 정보를 포함하여야 함

① 대학·연구기관등의 현황

② 분야별 연구실사고 발생 현황, 연구실사고 원인 및 피해 현황 등 연구실사고에 관한 통계

③ 기본계획 및 연구실 안전 정책에 관한 사항

④ 연구실 내 유해인자에 관한 정보

⑤ 안전점검지침 및 정밀안전진단지침

⑥ 안전점검 및 정밀안전진단 대행기관의 등록 현황

⑦ 안전관리 우수연구실 인증 현황

⑧ 권역별연구안전지원센터의 지정 현황

⑨ 연구실안전환경관리자 지정 내용 등 법 및 이 영에 따른 제출·보고 사항

⑩ 그 밖에 연구실 안전환경 조성에 필요한 사항

③ 연구실안전정보시스템의 운영 방법

① 연구실안전정보시스템은 권역별연구안전지원센터가 운영하여야 함

② 연구실안전정보시스템은 「재난 및 안전관리 기본법」 제66조의9제2항에 따른 안전정보통합관리시스템과 연계하여 운영하여야 함

④ 연구실안전정보시스템의 운영 절차

① 과학기술정보통신부장관은 연구실안전정보시스템을 통하여 대학·연구기관등의 연구실안전정보를 매년 1회 이상 공표할 수 있음

② 과학기술정보통신부장관은 연구실안전정보시스템 구축을 위하여 관계 중앙행정기관의 장 및 연구주체의 장에게 필요한 자료의 제출을 요청할 수 있음. 이 경우 요청을 받은 관계 중앙행정기관의 장 및 연구주체의 장은 특별한 사유가 없으면 이에 따라야 함

③ 과학기술정보통신부장관은 연구주체의 장, 안전점검 또는 정밀안전진단 대행기관의 장 및 권역별연구안전지원센터의 장 등에게 **2**연구실안전정보시스템의 구축에 해당하는 자료를 제출하거나 안전정보시스템에 입력하도록 요청할 수 있음

④ 과학기술정보통신부장관은 제출받거나 안전정보시스템에 입력된 정보의 신뢰성과 객관성을 확보하기 위하여 그 정보에 대한 확인 및 점검을 하여야 함

⑤ 연구주체의 장 및 권역별연구안전지원센터의 장 등이 법령에 따라 수시로 또는 정기적으로 과학기술정보통신부장관에게 제출·보고해야 하는 사항을 안전정보시스템에 입력한 경우에는 제출·보고 의무를 이행한 것으로 봄. 다만, 다음의 보고는 안전정보시스템에 입력한 경우에도 의무를 이행한 것으로 보지 않음

가. 연구실의 중대한 결함 보고

나. 연구실 사용제한 조치 등의 보고

2-4

연구실책임자의 지정·운영(연구실안전법 제9조)

① 개요

연구주체의 장은 연구실사고 예방 및 연구활동종사자의 안전을 위하여 각 연구실에 연구실책임자를 지정하여야 함

② 연구실책임자의 자격요건

다음의 ①~③ 요건을 모두 갖춘 사람 1명을 연구실책임자로 지정하여야 함

① 대학·연구기관등에서 연구책임자 또는 조교수 이상의 직에 재직하는 사람일 것

② 해당 연구실의 연구활동과 연구활동종사자를 직접 지도·관리·감독하는 사람일 것

③ 해당 연구실의 사용 및 안전에 관한 권한과 책임을 가진 사람일 것

③ 연구실책임자의 업무

① 연구활동종사자를 대상으로 해당 연구실의 유해인자에 관한 교육 실시

② 연구실에 연구활동에 적합한 보호구를 비치하고 연구활동종사자로 하여금 이를 착용하게 하여야 함

③ 사전유해인자위험분석의 실시[4]

---

4) 본서 제3장 연구실 안전조치 → 3-8 사전유해인자위험분석의 실시 참조

④ 연구실안전관리담당자의 지정

① 연구실책임자는 해당 연구실의 안전관리 업무를 효율적으로 수행하기 위하여 연구실안전관리담당자를 지정할 수 있음

② 연구실안선관리담당사는 해당 언구실의 언구활동종사사로 하여야 함

⑤ 벌칙

위반행위	근거 법조문	과태료 금액(만원)		
		1차 위반	2차 위반	3차 이상 위반
가. 법 제9조제1항을 위반하여 연구실책임자를 지정하지 않은 경우	법 제46조제3항제1호	250	300	400

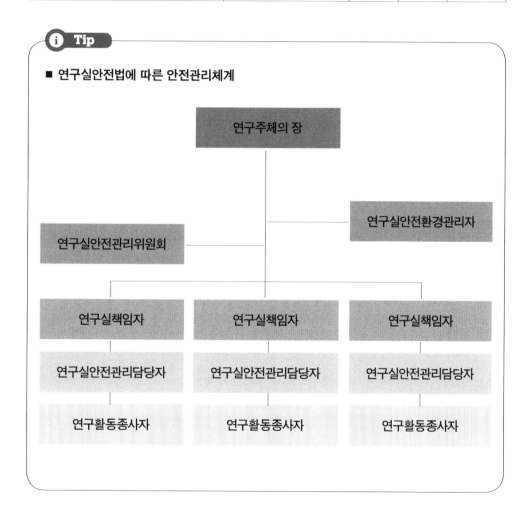

i Tip

■ **연구실안전법에 따른 안전관리체계**

2-5

보호구의 비치(연구실안전법 제9조제④항 및 동법 시행규칙 제3조)

① 개요

연구실책임자는 연구실에 연구활동에 적합한 보호구를 비치하고 연구활동종사자로 하여금 착용하게 하여야 함

② 보호구의 종류

연구실에 비치하고 연구활동종사자로 하여금 착용하게 하여야 하는 보호구의 종류는 다음과 같음

① 저위험연구실[5]을 제외한 모든 연구실

　　가. 실험복

　　나. 발을 보호할 수 있는 신발

② 다음 각 목의 구분에 따라 연구활동에 적합한 보호구를 연구실에 갖춰 두고, 연구활동종사자로 하여금 착용하도록 하여야 함. 다만, 연구활동에 따라 비치·착용해야 하는 보호구가 중복되는 경우에는 위험도가 높은 연구활동을 우선 고려하여 적합한 보호구를 비치 및 착용하여야 함

---

5) 본서 제3장 연구실 안전조치 → 3-4 안전점검의 실시 → ③ 저위험연구실 참조

가. 화학 및 가스

연구활동	보호구
다량의 유기용제, 부식성 액체 및 맹독성 물질 취급	보안경 또는 고글 내화성 장갑 내화학성 앞치마 호흡보호구
인화성 유기화합물 및 화재·폭발 가능성 있는 물질 취급	보안경 또는 고글 보안면 내화학성 장갑 방진마스크(防塵mask: 먼지 방지 마스크) 방염복
독성가스 및 발암성 물질, 생식독성 물질 취급	보안경 또는 고글 내화학성 장갑 호흡보호구

나. 생물

연구활동	보호구
감염성 또는 잠재적 감염성이 있는 혈액, 세포, 조직 등 취급	보안경 또는 고글 일회용 장갑 수술용 마스크 또는 방진마스크
감염성 또는 잠재적 감염성이 있으며 물릴 우려가 있는 동물 취급	보안경 또는 고글 일회용 장갑 수술용 마스크 또는 방진마스크 잘림 방지 장갑 방진모(防塵帽: 먼지 방지 모자) 신발덮개
보건복지부장관이 「생명공학육성법」 제14조 및 같은 법 시행령 제12조의2에 따라 작성·시행하는 실험지침6)에 따른 생물체의 위험군 분류 중 건강한 성인에게는 질병을 일으키지 않는 것으로 알려진 바이러스, 세균 등 감염성 물질 취급	보안경 또는 고글 일회용 장갑

---

6) 보건복지부고시 「유전자재조합실험지침」을 말함

연구활동	보호구
실험지침에 따른 생물체의 위험군 분류 중 사람에게 감염됐을 경우 증세가 심각하지 않고 예방 또는 치료가 비교적 쉬운 질병을 일으킬 수 있는 바이러스, 세균 등 감염성 물질 취급	보안경 또는 고글 일회용 장갑 호흡부호구

다. 물리(기계, 방사선, 레이저 등)

연구활동	보호구
고온의 액체, 장비, 화기 취급	보안경 또는 고글 내열장갑
액체질소 등 초저온 액체 취급	보안경 또는 고글 방한장갑
낙하 또는 전도 가능성 있는 중량물 취급	보호장갑 안전모 안전화
압력 또는 진공 장치 취급	보안경 또는 고글 보호장갑 안전모 보안면(연구활동종사자 보호를 위해 필요한 경우만 해당)
큰 소음(85dB 이상인 경우를 말함)이 발생하는 기계 또는 초음파기기를 취급 또는 큰 소음이 발생하는 환경에 노출	귀마개 또는 귀덮개
날카로운 물건 또는 장비 취급	보안경 또는 고글 잘림 방지 장갑(연구활동종사자 보호를 위해 필요한 경우만 해당)
방사성 물질 취급	방사선보호복 보안경 또는 고글 보호장갑
레이저 및 자외선(UV) 취급	보안경 또는 고글 보호장갑 방염복(연구활동종사자 보호를 위해 필요한 경우만 해당)

연구활동	보호구
감전위험이 있는 전기기계·기구 또는 전로 취급	절연보호복 보호장갑 절연화
분진·미스트(mist: 공기 중에 떠다니는 작은 액체방울)·흄(fume: 열이나 화학반응에 의하여 형성된 고체증기가 응축되어 생긴 미세입자) 등이 발생하는 환경 또는 나노 물질 취급	고글 보호장갑 방진마스크
진동이 발생하는 장비 취급	방진장갑(防振掌甲: 진동 방지 장갑)

③ 연구실책임자는 제①항 및 제②항에서 규정한 보호구 외에 연구실에서 취급하는 유해인자에 따라 연구활동종사자 보호를 위해 필요하다고 인정되는 보호구를 추가로 갖춰 두고 연구활동종사자로 하여금 착용하도록 하여야 함

④ 제①항 및 제②항에 해당하는 보호구는 고용노동부장관이 「산업안전보건법」 제83조【안전인증기준】제1항 및 제89조【자율안전확인의 신고】제1항에 따라 고시하는 보호구의 안전인증기준[7] 및 자율안전기준[8]에 적합하여야 함

> **ⓘ Tip**
>
> ■ **보호구의 선택**
> - 보안경 또는 고글: 취급물질에 따라 적합한 보호기능을 가진 보안경 또는 고글 선택
> - 내화학성 장갑, 내화학성 앞치마, 일회용 장갑, 보호장갑: 취급물질에 따라 적합한 재질 선택
> - 호흡보호구: 취급물질에 따라 적합한 정화능력 및 보호기능을 가진 방진마스크나 방독마스크 또는 방진·방독 겸용 마스크 등 선택
> - 수술용 마스크 또는 방진마스크: 취급물질에 따라 적합한 보호기능을 가진 수술용 마스크 또는 방진마스크 선택

---

7) 고용노동부고시 「보호구 안전인증 고시」
8) 고용노동부고시 「보호구 자율안전확인 고시」

ⓘ Tip

■ 생물체의 위험군 분류 [유전자재조합실험지침 제5조]

- 제1위험군: 건강한 성인에게는 질병을 일으키지 않는 것으로 알려진 생물체
- 제2위험군: 사람에게 감염되었을 경우 증세가 심각하지 않고 예방 또는 치료가 비교적 용이한 질병을 일으킬 수 있는 생물체
- 제3위험군: 사람에게 감염되었을 경우 증세가 심각하거나 치명적일 수도 있으나 예방 또는 치료가 가능한 질병을 일으킬 수 있는 생물체
- 제4위험군: 사람에게 감염되었을 경우 증세가 매우 심각하거나 치명적이며 예방 또는 치료가 어려운 질병을 일으킬 수 있는 생물체

■ 위험군별 해당 생물체 목록

○ 세균의 위험군 분류

제4위험군	해당 세균 없음	
제3위험군	Bacillus	B. anthracis (플라스미드 pXO2 소실 균주(스턴 포함) 제외)
	Bartonella	B. bacilliformis
	Brucella	B. abortus
		B. canis
		B. melitensis
		B. ovis
		B. suis
	Burkholderia	B. mallei (구)Pseudomonas mallei
		B. pseudomallei
	Coxiella	C. burnetii
	Francisella	F. tularensis
	Mycobacterium	M. africanum
		M. bovis (BCG주 제외)
		M. tuberculosis
	Orientia	O. tsutsugamushi (구)Rickettsia tsutsugamushi
	Pasteurella	P. multocida type B

	Rickettsia	R. africae
		R. akari
		R. australis
		R. canadensis
		R. conorii
		R. japonica
		R. montanensis
		R. parkeri
		R. prowazekii
		R. rhipicephali
		R. rickettsii
		R. sibirica
		R. typhi (구)Rickettsia mooseri
제2위험군	Yersinia	Y. pestis
	Acinetobacter	A. baumannii (구)Acinetobacter calcoaceticus
	Actinobacillus	Actinobacillus spp.
	Actinomyces	A. bovis
		A. israelli
		A. naeslundii
		A. pyogenes (구)Corynebacterium pyogenes
	Aeromonas	A. caviae
		A. hydrophila
	Amycolata	A. autotrophica (구)Nocardia autotrophica
	Anaplasma	A. phagocytophilum (구)Ehrlichia phagocytophilia
	Archanobacterium	A. haemolyticum (구)Corynebacterium haemolyticum
	Bacillus	B. anthracis (플라스미드 pXO2 소실 균주(스턴 포함))

Bacillus	B. cereus	
Bartonella	B. henselae	
	B. quintana (구)Rochalimaea quintana	
	B. vinsonii (구)Rochalimaea vinsonii	
Bordetella	B. pertussis	
	B. parapertussis	
Borrelia	B. recurrentis	
	B. burgdorferi	
Burkholderia	(구)Pseudomonas; B. mallei, B. pseudomalei는 제외	
Campylobacter	C. coli	
	C. fetus	
	C. jejuni	
Chlamydia	C. trachomatis	
Chlamydophila	C. pneumoniae (구)Chlamydia pneumoniae	
	C. psittaci (구)Chlamydia psittaci	
Clostridium	C. botulinum	
	C. chauvoei	
	C. difficile	
	C. haemolyticum	
	C. histolyticum	
	C. novyi	
	C. perfringens	
	C. septicum	
	C. tetani	
Corynebacterium	C. bovis	
	C. jeikeium	
	C. diphtheriae	

		C. pseudotuberculosis
		C. renale
		C. ulcerans
	Dermatophilus	D. congolensis
	Edwardsiella	E. tarda
	Ehrlichia	E. chaffeensis
		E. ewingii
		E. sennetsu
	Elizabethkingia	E. anophelis
		E. meningoseptica (구)Flavobacterium meningosepticum)
	Erysipelothrix	E. rhusiopathiae
	Escherichia	E. coli (장관 병원성)
	Fusobacterium	F. necrophorum (구)Sphaerophorus necrophorus, Fusiformis necrophorus
	Haemophilus	H. ducreyi
		H. influenzae
	Helicobacter	H. pylori
	Klebsiella	K. granulomatis (구)Calymmatobacterium granulomatis
		Klebsiella. spp.
	Legionella	Legionella spp.
	Leptospira	L. interrogans
	Listeria	L. monocytogenes
	Moraxella	Moraxella spp.
	Mycobacterium	M. avium complex
		M. asiaticum

		M. bovis (BCG 주)
		M. chelonae
		M. fortuitum
		M. kansasii
		M. leprae
		M. malmoense
		M. marinum
		M. paratuberculosis
		M. scrofulaceum
		M. simiae
		M. szulgai
		M. ulcerans
		M. xenopi
	Mycoplasma	Mycoplasma spp.
	Neisseria	N. gonorrhoeae
		N. meningitidis
	Nocardia	N. asteroides
		N. brasiliensis
		N. farnicica
		N. otitidiscaviarum
		N. transvalensis
	Pasteurella	P. haemolytica
		P. multocida (Pasteurella multocida type b 제외)
		P. pneumotropica
	Plesiomonas	P. shigelloides
	Pseudomonas	P. aeruginosa
	Rhodococcus	R. equi (구)Corynebacterium equi
	Salmonella	Salmonella spp.

	Shigella	S. dysenteriae
		S. boydii
		S. flexneri
		S. sonnei
	Staphylococcus	S. aureus
	Streptobacillus	S. moniliformis
	Streptococcus	S. agalactia
		S. pneumoniae
		S. pyogenes
	Treponema	T. carateum
		T. pallidum
		T. pertenue
	Vibrio	V. cholerae
		V. parahemolyticus
		V. vulnificus
	Yersinia	Y. enterocolitica
		Y. pseudotuberculosis
제1위험군	제2위험군 및 제3위험군에 해당되지 않는 종. 다만, 종명까지 동정되어 있지 않고 인체병원성 여부가 밝혀지지 않은 것은 제외	

○ 바이러스의 위험군 분류

제4위험군	Arenaviridae	Chapare virus
		Guanarito virus
		Junin virus
		Lassa virus
		Lujo virus
		Machupo virus
		Sabia virus
	Bunyaviridae	Crimean-Congo hemorrhagic fever virus

65

	Filoviridae	Ebola virus
		Marburg virus
	Flaviviridae	Omsk hemorrhagic fever virus
		Hanzalova virus
		Hypr virus
		Kumlinge virus
		Kyasanur Forest disease virus
	Herpesviridae	Herpesvirus simiae (Herpesvirus B or Monkey B virus, Cercopithecine herpesvirus [CHV-1], B virus)
	Paramyxoviridae	Hendra virus
		Nipah virus
	Poxviridae	Variola virus
	현재까지 규명되지 않은 출혈열의 원인 바이러스	
제3위험군	Arenaviridae	Lymphocytic choriomeningitis virus(LCM) (neurotropic strain)
		Flexal virus
		Mopeia virus
	Bunyaviridae	Estero Real virus
		Shokwe virus
		Fort Sherman virus
		Akabane virus
		Germiston virus
		Kairi virus
		Oropouche virus
		Rift Valley fever virus
		Thiafora virus
		Dugbe virus
		Nairobi sheep disease virus
		Hantaan virus
		Sin nombre virus
		SFTS virus (Severe fever thrombocytopenia syndrome virus)
	Coronaviridae	MERS-CoV (Middle East respiratory syndrome coronavirus)
		SARS-CoV (Severe acute respiratory syndrome coronavirus)

	Flaviviridae	Alkhumra hemorrhagic fever virus
		Cacipacore virus
		Gadgets Gully virus
		Israel turkey meningitis virus
		Kedougou virus
		Koutango virus
		Louping ill virus
		Meaban virus
		Murray Valley encephalitis virus
		Naranjal virus
		Negishi virus
		Powassan virus
		Rocio virus
		Sal Vieja virus
		San Perlita virus
		Saumarez Reef virus
		Sepik virus
		Spondweni virus
		St. Louis encephalitis virus
		Tick-borne encephalitis virus (Central European Tick-borne encephalitis virus, Far Eastern Tick-borne encephalitis virus, Siberian Tick-borne encephalitis virus 및 그 외 Tick-borne encephalitis virus)
		Wesselsbron virus
		West Nile virus
		Yaounde virus
		Yellow fever virus
	Orthomyxoviridae	Avian influenza virus affecting human
	Poxvviridae	Monkeypox virus
	Prions	Transmissible spongiform encephalopathies(TSEs) agent [Creutzfeldt-Jacob disease and kuru, Bovine spongiform enephalopathy(BSE) and other related animal TSEs]

	Retroviridae	Human immunodeficiency virus(HIV) types 1 and 2
		Human T cell lymphotropic virus (HTLV) types 1 and 2
		Simian immunodeficiency virus (SIV)
	Rhabdoviridae	Vesicular stomatitis virus
		Rabies virus (Fixed Rabies virus 제외)
	Togaviridae	Chikungunya virus
		Semliki Forest virus
		Venezuelan equine encephalitis virus
제2위험군	Adenoviridae	Human adenovirus
	Arenaviridae	Junin virus candid #1 vaccine strain
		Lymphocytic choriomeningitis virus (LCM) (non-neurotropic strains)
		Tacaribe virus complex
	Bunyaviridae	Bunyamwera virus
		La Crosse virus
		Puumala virus
		Rift Valley fever virus vaccine strain MP-12
		Sandfly fever virus
		Seoul virus
		Tahyna virus
		그 외 3군 및 4군에서 제외된 바이러스
	Caliciviridae	Norovirus
		Sapovirus
	Coronaviridae	Coronavirus
	Flaviviridae	Dengue virus serotypes 1, 2, 3 and 4
		Japanese encephalitis virus
		Yellow fever virus vaccine strain 17D
		Hepatitis C virus(HCV)
		Usutu virus
		Zika virus
		그 외 3군 및 4군에서 제외된 바이러스

	Hepadnaviridae	Hepatitis B virus (HBV)
	Hepeviridae	Hepatitis E virus(HEV)
	Herpesviridae	Epstein Barr virus
		Human cytomegalovirus
		Herpes simplex virus 1 and 2(HSV1 and 2)
		human herpesvirus types 3, 4, 5, 6 and 7
		Varicella zoster virus
	Orthomyxoviridae	Influenza viruses types A, B and C
		기타 벼룩매개 orthomyxoviruses를 포함한 바이러스
	Papillomaviridae	모든 human papilloma viruses
	Paramyxoviridae	Human parainfluenza viruses types 1, 2, 3 and 4
		Measles virus
		Menangle virus
		Mumps virus
		Newcastle disease virus
	Parvoviridae	Human parvovirus (B19)
	Picornaviridae	Hepatitis A virus (HAV)
		Human echoviruses
		Human coxsackieviruses types A and B
		Human rhinoviruses
		Polioviruses, all types, wild and attenuated
	Pneumoviridae	Human respiratory syncytial virus
	Poxviridae	Cowpox virus
		Orf virus
		Pseudocowpox virus
		Monkeypox virus, Alastrim, Smallpox, Whitepox를 포함한 일부 제한된 Poxviruses를 제외한 바이러스
	Reovirudae	Colorado tick fever virus
		Coltivirus속, Rotavirus속, Orbivirus속을 포함한 바이러스
	Rhabdoviridae	Rabies virus (Fixed Rabies virus)
		VSV-Indiana, San Juan, Glasgow를 포함한 Vesicular stomatitis virus 중 실험실에 적응된 바이러스주

		Barmah Forest virus
		Rubella virus
		Chikungunya virus 181/25 vaccine strain
		Eastern equine encephalitis virus
	Togaviridae	O'nyong-nyong virus
		Ross river virus
		Bebaru virus
		Sindbis virus
		Venezuelan equine encephalitis vaccine strain TC-83
		Western equine encephalitis virus
	Unassigned	Hepatitis D (delta) virus (HDV)
제1위험군	제2위험군, 제3위험군 및 제4위험군에 해당되지 않는 바이러스. 다만, 종명까지 동정되어 있지 않고 인체병원성 여부가 밝혀지지 않은 것은 제외	

○ 진균의 위험군 분류

제4위험군	해당 진균 없음	
	Blastomyces (Ajellomyces)	B. dermatitidis
제3위험군	Coccidioides	C. immitis
		C. posadasii
	Histoplasma	H. capsulatum
	Acremonium	Acremonium spp.
		(구)Cephalosporium spp.
	Aspergillus	Aspergillus spp.
	Candida	Candida spp.
제2위험군	Cladophialophora	Cladophialophora spp.
	Cryptococcus	C. gattii
		C. neoformans
	Dactylaria(Ochroconis)	D. gallopava
	Emmonsia	E. parva
		E. crescens

Epidermophyton	Epidermophyton spp.
Exophiala(Wangiella)	E. dermatitidis
Fonsecaea	F. pedrosol
	F. compacta
Fusarium	F. moniliforme
	F. solani
Madurella	M. grisea
	M. mycctomati
Microsporum	Microsporum spp.
Neotestudina	Neotestudina rosatii
Paecilomyces	Paecilomyces spp.
Paracoccidioides	P. brasiliensis
Penicillium	P. marneffei
Pneumocystis	P. jirovecii (구)P. carinii
Sporothrix	S. schenckii
Trichophyton	Trichophyton spp.
제1위험군	제3위험군 및 제2위험군에 해당되지 않는 종. 다만, 종명까지 동정되어 있지 않고 인체병원성 여부가 밝혀지지 않은 것은 제외

○ 기생충의 위험군 분류

제4위험군	해당 기생충 없음
제3위험군	해당 기생충 없음
제2위험군	조충류 (Cestode)
	Cysticercus　　C. cellulosae (유구조충의 유충)
	Echinococcus　　E. granulosus (단방조충)
	E. multilocularis (다방조충)
	E. vogeli (포겔다방조충)
	Hymenolepis　　H. diminuta (쥐조충)
	H. nana (왜소조충)

Taenia	T. solium (유구조충)
	T. saginata (무구조충)
	T. asiatica (아시아조충)
선충류 (Nematode)	
Ancylostoma	A. ceylanicum (실론구충)
	A. duodenale (두비니구충)
Angiostrongylus	A. cantonensis (광동주혈선충)
Ascaris	A. lumbricoides (회충)
	A. suum (돼지회충)
Brugia	B. malayi (말레이사상충)
	B. timori (티몰사상충)
Dioctophyme	D. renale (거대신충)
Dirofilaria	D. immitis (개심장사상충)
	D. repens (개피부사상충)
Dracunculus	D. medinensis(메디나충)
Enterobius	E. vermicularis (요충)
Gnathostoma	G. spinigerum (유극악구충)
Gongylonema	G. pulchrum (미려식도충)
Loa	L. loa (로아사상충)
Necator	N. americanus (아메리카구충)
Onchocerca	O. volvulus (회선사상충)
Strongyloides	S. stercoralis (분선충)
Toxocara	T. canis (개회충)
Trichinella	T. spiralis (선모충)
Wuchereria	W. bancrofti (반크롭트사상충)
흡중류 (Trematode)	
Clonorchis	C. sinensis (간흡충)

	Fasciola	F. hepatica (간질)
	F. gigantica (거대간질)	
	Gastrodiscoides	G. hominis (복반흡충)
	Gymnophalloides	G. seoi (참굴큰입흡충)
	Heterophyes	H. nocens (유해이형흡충)
	Isthmiophora	I. hortensis (구)Echinostoma hortense (호르텐스극구흡충)
	Metagonimus	M. yokogawai (요코가와흡충)
	Nanophyetus	N. salmincola (개장흡충)
	Paragonimus	P. westermani (폐흡충)
	Pygidiopsis	P. summa (표주박이형흡충)
	Schistosoma	S. haematobium (방광주혈흡충)
		S. intercalatum (장간막주혈흡충)
		S. japonicum (일본주혈흡충)
		S. mansoni (만손주혈흡충)
		S. mekongi (메콩주혈흡충)
	원충류 (Protozoa)	
	Babesia	B. bovis (소바베스열원충)
		B. divergens (분지바베스열원충)
		B. microti (쥐바베스열원충)
	Cryptosporidium	C. parvum (작은와포자충)
	Entamoeba	E. histolytica (이질아메바)
	Giardia	G. lamblia (람블편모충)
	Isospora	I. belli (사람등포자충)
	Leishmania	L. aethiopica (이디오피아리슈만편모충)
		L. braziliensis (피하리슈만편모충)
		L. donovani (내징리슈만편모충)

		L. major (큰리슈만편모충)
		L. mexicana (멕시코리슈만편모충)
		L. peruvania (페루리슈만편모충)
		L. tropica (피부리슈만편모충)
	미포자충류 (Microsporidium)	
	Naegleria	N. fowleri (파울러자유아메바)
	Plasmodium	P. cynomolgi (유인원원충)
		P. falciparum (열대열원충)
		P. malariae (사일열원충)
		P. ovale (난형열원충)
		P. vivax (삼일열원충)
	Sarcocystis	S. hominis (사람근육포자충)
		S. lindemanni (린데만근육포자충)
		S. suihominis (돼지근육포자충)
	Toxoplasma	T. gondii (톡소포자충)
	Trichomonas	T. hominis (장세모편모충)
		T. tenax (구강편모충)
		T. vaginalis (질편모충)
	Trypanosoma	T. brucei brucei (브르스파동편모충)
		T. brucei gambiense (감비아파동편모충)
		T. brucei rhodesiense (로데시아파동편모충)
		T. cruzi (크루스파동편모충)
제1위험군	제2위험군에 해당되지 않는 기생충. 다만, 종명까지 동정되어 있지 않고 인체병원성 여부가 밝혀지지 않은 것은 제외	

2-6

연구실안전환경관리자의 지정(연구실안전법 제10조)

① 개요

연구주체의 장은 연구실에 연구실안전환경관리자를 지정하고, 법령에서 정한 업무를 수행토록 하여 연구실의 안전성 등을 확보하여야 함

② 연구실안전환경관리자 지정 기준

① 연구활동종사자가 1천명 미만인 경우: 1명 이상

② 연구활동종사자가 1천명 이상 3천명 미만인 경우: 2명 이상

③ 연구활동종사자가 3천명 이상인 경우: 3명 이상

④ 연구실안전환경관리자를 지정할 때 대학·연구기관등의 분교 또는 분원이 있는 경우에는 분교 또는 분원에 별도로 연구실안전환경관리자를 지정하여야 함. 다만, 다음의 경우에는 지정하지 아니할 수 있음

가. 분교 또는 분원의 연구활동종사자 총인원이 10명 미만인 경우

나. 본교와 분교 또는 본원과 분원이 같은 시·군·구(자치구9)를 말함) 지역에 소재하는 경우

다. 본교와 분교 또는 본원과 분원 간의 직선거리가 15킬로미터 이내인 경우

③ 전담 연구실안전환경관리자 지정

상시 연구활동종사자가 300명 이상이거나 연구활동종사자(상시 연구활동종사자를 포함)가 1,000명 이상인 경우에는 지정된 연구실안전환경관리자 중 1명 이상에게 법령에서 정한 연구실안전환경관리자의 업무만을 전담하도록 하여야 함

---

9) 특별시와 광역시 관할 구역 안을 의미

④ 연구실안전환경관리자의 자격

① 법 제34조에 따른 연구실안전관리사 자격을 취득한 사람

②「국가기술자격법」에 따른 국가기술자격 중 안전관리 분야의 기사 이상 자격을 취득한 사람

③「국가기술자격법」에 따른 국가기술자격 중 안전관리 분야의 산업기사 자격을 취득한 후 연구실 안전관리 업무 실무경력이 1년 이상인 사람

④「고등교육법」에 따른 전문대학 또는 이와 같은 수준 이상의 학교에서 산업안전, 소방안전 등 안전 관련 학과를 졸업한 후 또는 법령에 따라 이와 같은 수준 이상으로 인정되는 학력을 갖춘 후 연구실 안전관리 업무 실무경력이 2년 이상인 사람

⑤「고등교육법」에 따른 전문대학 또는 이와 같은 수준 이상의 학교에서 이공계학과를 졸업한 후 또는 법령에 따라 이와 같은 수준 이상으로 인정되는 학력을 갖춘 후 연구실 안전관리 업무 실무경력이 4년 이상인 사람

⑥「초·중등교육법」에 따른 고등기술학교 또는 이와 같은 수준 이상의 학교를 졸업한 후 연구실 안전관리 업무 실무경력이 6년 이상인 사람

⑦ 다음 각 목의 어느 하나에 해당하는 안전관리자로 선임되어 연구실 안전관리 업무 실무경력이 1년 이상인 사람

　가.「고압가스 안전관리법」제15조에 따른 안전관리자

　나.「산업안전보건법」제17조에 따른 안전관리자

　다.「도시가스사업법」제29조에 따른 안전관리자

　라.「전기사업법」제73조에 따른 전기안전관리자

　마.「화재예방, 소방시설 설치·유지 및 안전관리에 관한 법률」제20조에 따른 소방안전관리자

　바.「위험물안전관리법」제15조에 따른 위험물안전관리자

⑧ 연구실 안전관리 업무 실무경력이 8년 이상인 사람

⑤ 연구실안전환경관리자의 업무

① 안전점검·정밀안전진단 실시 계획의 수립 및 실시

② 연구실 안전교육계획 수립 및 실시

③ 연구실사고 발생의 원인조사 및 재발 방지를 위한 기술적 지도·조언

④ 연구실 안전환경 및 안전관리 현황에 관한 통계의 유지·관리

⑤ 법 또는 법에 따른 명령이나 법 제12조제1항에 따른 안전관리규정을 위반한 연구활동종사자에 대한 조치의 건의

⑥ 그 밖에 안전관리규정이나 다른 법령에 따른 연구시설의 안전성 확보에 관한 사항

⑥ 연구실안전환경관리자의 직무 대행

① 연구주체의 장은 다음의 어느 하나에 해당하는 경우에는 대리자를 지정하여 연구실안전환경관리자의 직무를 대행하게 하여야 함

　가. 연구실안전환경관리자가 여행·질병이나 그 밖의 사유로 일시적으로 그 직무를 수행할 수 없는 경우

　나. 연구실안전환경관리자의 해임 또는 퇴직과 동시에 다른 연구실안전환경관리자가 선임되지 아니한 경우

② 연구실안전환경관리자의 직무를 대행하는 대리자는 다음의 어느 하나에 해당하는 사람이어야 함

　가. 「국가기술자격법」에 따른 안전관리 분야의 국가기술자격을 취득한 사람

　나. ④ 연구실안전환경관리의 자격 제⑦항의 어느 하나에 해당하는 안전관리자로 선임되어 있는 사람

　다. 연구실 안전관리 업무 실무경력이 1년 이상인 사람

　라. 연구실 안전관리 업무에서 연구실안전환경관리자를 지휘·감독하는 지위에 있는 사람

③ 연구실안전환경관리자의 직무를 대행하는 대리자의 직무대행 기간은 30일을 초과할 수 없음. 다만, 출산휴가를 사유로 대리자를 지정한 경우에는 90일을 초과할 수 없음

⑦ 연구실안전환경관리자 지정 내용 제출

① 연구실안전환경관리자를 지정하거나 변경한 경우에는 그 날부터 14일 이내에 연구실안전환경관리자 지정 보고서에 다음의 서류를 첨부하여 과학기술정보통신부장관에게 제출하여야 함

가. 연구실안전환경관리자의 자격기준을 갖추었음을 증명할 수 있는 서류

나. 담당 업무(연구실안전환경관리자가 법령에서 정한 연구실안전환경관리자의 업무가 아닌 업무를 겸임하고 있는 경우 그 겸임하고 있는 업무를 포함)를 기술한 서류

⑧ 벌칙

위반행위	근거 법조문	과태료 금액(만원)		
		1차 위반	2차 위반	3차 이상 위반
나. 법 제10조제1항을 위반하여 연구실안전환경관리자를 지정하지 않은 경우	법 제46조제3항제2호	250	300	400
다. 법 제10조제4항을 위반하여 연구실안전환경관리자의 대리자를 지정하지 않은 경우	법 제46조제3항제3호	250	300	400

참고 1 | 연구실안전환경관리자 지정 보고서

■ 연구실 안전환경 조성에 관한 법률 시행규칙 [별지 제1호서식]

연구실안전환경관리자 지정 보고서

기관명		연락처	전화번호
			전자우편주소
주 소			

연구활동 종사자 수	총인원	상시 연구활동종사자
	명	명

성명	자 격	지정 연월일	직위 및 직책	전담·겸임 구분
		. . .		
		. . .		
		. . .		
		. . .		

「연구실 안전환경 조성에 관한 법률 시행령」 제8조제6항 및 같은 법 시행규칙 제4조에 따라 위와 같이 제출합니다.

년   월   일

보고인(연구주체의 장)

(서명 또는 인)

과학기술정보통신부장관 귀하

첨부서류	1. 「연구실 안전환경 조성에 관한 법률 시행령」 별표 2의 자격기준을 갖추었음을 증명할 수 있는 서류 2. 재직증명서 3. 담당 업무(연구실안전환경관리자가 「연구실 안전환경 조성에 관한 법률 시행령」 제8조제4항에 따른 업무가 아닌 업무를 겸임하고 있는 경우 그 겸임하고 있는 업무를 포함합니다)를 기술한 서류	수수료 없음

2-7
연구실안전관리위원회(연구실안전법 제11조)

① 개요

연구주체의 장은 연구실 안전과 관련된 주요사항을 협의하기 위하여 연구실안전관리위원회를 구성·운영하여야 함

② 위원회의 구성

① 위원장 1명을 포함한 15명 이내의 위원으로 구성

② 위원회의 위원은 지정된 연구실안전환경관리자와 다음의 사람 중에서 연구주체의 장이 지명하는 사람으로 함

　가. 연구실책임자

　나. 연구활동종사자

　※ 연구활동종사자가 전체 위원회 위원의 2분의 1 이상이 되어야 함

　다. 연구실 안전 관련 예산 편성 부서의 장

　라. 연구실안전환경관리자가 소속된 부서의 장

③ 위원회의 위원장은 위원 중에서 호선(互選)

④ 정당한 활동을 수행한 위원회 위원에 대하여 불이익한 처우를 하여서는 안됨

③ 위원회 협의사항

① 법 제12조제1항에 따른 안전관리규정의 작성 또는 변경

② 법 제14조에 따른 안전점검 실시 계획의 수립

③ 법 제15조에 따른 정밀안전진단 실시 계획의 수립

④ 법 제22조에 따른 안전 관련 예산의 계상 및 집행 계획의 수립

⑤ 연구실 안전관리 계획의 심의

⑥ 그 밖에 연구실 안전에 관한 주요사항

④ 위원회 회의개최

① 위원회의 회의는 정기회의와 임시 회의로 구분

② 정기회의는 연 1회 이상 개최

③ 임시회의는 위원회의 위원장이 필요하다고 인정할 때 또는 위원회의 위원 과반 수가 요구할 때 개최

④ 회의는 재적위원 과반수의 출석으로 개의(開議)하고, 출석위원 과반수의 찬성으로 의결

⑤ 회의결과

위원회의 위원장은 위원회에서 의결된 내용 등 회의 결과를 게시 또는 그 밖의 적절한 방법으로 연구활동종사자에게 신속하게 알려야 함

이해하기 쉬운

연구실안전법

제 3 장

연구실 안전조치

3-1

안전관리규정의 작성 및 준수(연구실안전법 제12조)

① 개요

연구주체의 장은 연구실의 안전관리를 위하여 안전관리규정을 작성하여 각 연구실에 게시 또는 비치하고, 이를 연구활동종사자에게 알려야 함

② 안전관리규정 작성 대상

대학·연구기관등에 설치된 각 연구실의 연구활동종사자를 합한 인원이 10명 이상인 경우

③ 안전관리규정의 내용

① 안전관리 조직체계 및 그 직무에 관한 사항

② 연구실안전환경관리자 및 연구실책임자의 권한과 책임에 관한 사항

③ 연구실안전관리담당자의 지정에 관한 사항

④ 안전교육의 주기적 실시에 관한 사항

⑤ 연구실 안전표식의 설치 또는 부착

⑥ 중대연구실사고 및 그 밖의 연구실사고의 발생을 대비한 긴급대처 방안과 행동요령

⑦ 연구실사고 조사 및 후속대책 수립에 관한 사항

⑧ 연구실 안전 관련 예산 계상 및 사용에 관한 사항

⑨ 연구실 유형별 안전관리에 관한 사항

⑩ 그 밖의 안전관리에 관한 사항

④ 안전관리규정 통합 작성

안전관리규정을 산업안전·가스 및 원자력 분야 등의 다른 법령에서 정하는 안전관리에 관한 규정과 통합하여 작성할 수 있음

⑤ 안전관리규정의 준수

연구주체의 장과 연구활동종사자는 안전관리규정을 성실히 준수하여야 함

⑥ 벌칙

위반행위	근거 법조문	과태료 금액(만원)		
		1차 위반	2차 위반	3차 이상 위반
라. 법 제12조제1항을 위반하여 안전관리규정을 작성하지 않은 경우	법 제46조제3항제4호	250	300	400
마. 법 제12조제2항을 위반하여 안전관리규정을 성실하게 준수하지 않은 경우	법 제46조제3항제5호	250	300	400

3-2

유해인자별 노출도평가
(연구실 안전점검 및 정밀안전진단에 관한 지침 제12조)

① 개요

연구주체의 장은 정밀안전진단 실시 대상 연구실에 대하여 노출도평가 실시계획을 수립·시행하여야 함

② 평가대상 연구실

① 연구실책임자가 사전유해인자위험분석 결과에 근거하여 노출도평가를 요청할 경우

② 연구활동종사자(연구실책임자 포함)가 연구개발활동을 수행하는 중에 CMR물질(발암성 물질, 생식세포 변이원성 물질, 생식독성 물질), 가스, 증기, 미스트, 흄, 분진, 소음, 고온 등 유해인자를 인지하여 노출도평가를 요청할 경우

③ 정밀안전진단 실시 결과 노출도평가의 필요성이 전문가(실시자)에 의해 제기된 경우

④ 중대 연구실사고나 질환이 발생하였거나 발생할 위험이 있다고 인정되어 과학기술정보통신부장관의 명령을 받은 경우

⑤ 그 밖에 연구주체의 장, 연구실안전환경관리자 등에 의해 노출도평가의 필요성이 제기된 경우

③ 노출도평가 측정자

노출도평가는 「산업안전보건법」제126조에 따라 작업환경측정기관의 요건이 충족된 기관 또는 동등한 요건을 충족한 기관이 측정. 다만, 시료채취는 노출도평가를 실시하여야 하는 기관 또는 법 제17에 따른 안전점검 및 정밀안전진단 대행기관에 소속된 자로서 산업위생관리산업기사 이상의 자격을 가진 자가 할 수 있음

④ 평가방법

① 노출도평가 실시에 필요한 기술적인 사항은 국제적으로 공인된 측정방법과 「산업안전보건법」제125조(작업환경측정)에 따라 고용노동부장관이 고시[10]한 측정방법에 준하여 실시할 수 있음. 「산업안전보건법」제125조에 따라 작업환경측정을 실시한 연구실은 노출도평가를 실시한 것으로 봄

② 노출도평가는 연구실의 노출 특성을 고려하여 노출이 가장 심할 것으로 우려되는 연구활동 시점에 실시

③ 노출도평가 대상 연구실 선정 및 노출기준 초과 여부를 판단할 때에는 고용노동부고시「화학물질 및 물리적 인자의 노출기준」에 준하여 실시

⑤ 결과 통보 및 조치

노출도평가 실시 결과를 연구활동종사자에게 알려야 하며, 노출기준 초과시 감소대책 수립, 연구활동종사자 건강진단의 실시 등 적절한 조치를 하여야 함

---

10) 고용노동부고시 작업환경측정 및 정도관리 등에 관한 고시

3-3

유해인자별 취급 및 관리
(연구실 안전점검 및 정밀안전진단에 관한 지침 제13조)

① **개요**

연구실책임자는 해당 연구실에 보관·사용 중인 유해인자의 특성 및 취급 주의사항에 대해 연구활동종사자에게 교육의 실시, 유해인자 취급 및 관리대장의 작성 등의 업무를 수행

② **유해인자의 취급·관리**

① 연구활동종사자는 유해인자의 특성에 맞게 취급·관리하여야 함

② 연구실책임자는 정밀안전진단 실시 대상 연구실의 안전확보를 위하여 연구실의 위험기계, 시설물, 화학물질 등 유해인자에 대한 취급 및 관리대장을 작성하여야 함

③ 관리대장은 유해인자의 구입, 사용, 폐기 등 변경사유가 발생한 경우 보완하여야 함

④ 작성된 관리대장은 각 연구실에 게시 또는 비치하고, 이를 연구활동종사자에게 알려야 함

③ 관리대장에 포함되어야 할 사항

① 물질명(장비명)

② 보관장소

③ 현재 보유량

④ 취급 유의사항

⑤ 그 밖에 연구실책임자가 필요하다고 판단한 사항

참고 2 │ 유해인자 취급 및 관리대장

유해인자 취급 및 관리대장

- 연구실명 :
- 작성일자 :   년   월   일
- 작 성 자 :   (인)
- 연구실책임자 :   (인)

연번	물질명 (장비명)	CAS No. (사양)	보유량 (보유 대수)	보관장소	유해·위험성 분류		대상여부	
					물리적 위험성	건강 및 환경 유해성	정밀 안전 진단	작업 환경 측정
1								
2								
3								
4								
5								

■ 비고
- 물질명/Cas No: 연구실 내 사용, 보관하고 있는 유해인자(화학물질, 연구장비, 안전설비 등)에 대해 작성 (단, 화학물질과 연구장비(설비) 등은 별도로 작성·관리 가능)

- 보유량: 보관 또는 사용하고 있는 유해인자에 대한 보유량 작성(단위기입)

- 물질보관장소: 저장 또는 보관하고 있는 화학물질의 장소 작성

- 유해·위험성분류: 화학물질은 MSDS를 확인하여 작성(MSDS상 2번 유해·위험성 분류 및 「화학물질 분류·표시 및 물질안전보건자료에 관한 기준」별표 1 참고)하고, 장비는 취급상 유의사항 등을 기재

- 대상여부: 화학물질별 법령에서 정한 관리대상 여부(연구실안전법 시행령 제9조 정밀안전진단 대상 물질여부, 산업안전보건법 시행규칙 별표 11의5 작업환경측정 대상 유해인자 여부)

※ 연구실책임자의 필요에 따라 양식 변경 가능
(물질명, 보관장소, 보유량, 취급상 유의사항은 반드시 포함할 것)

3-4

안전점검의 실시(연구실안전법 제14조)

① 개요

연구주체의 장은 연구실의 안전관리를 위하여 안전점검지침[11)에 따라 소관 연구실에 대하여 안전점검을 실시하여야 함

② 안전점검의 종류 및 실시시기

종류	실시시기
일상점검	연구활동에 사용되는 기계·기구·전기·약품·병원체 등의 보관상태 및 보호장비의 관리실태 등을 직접 눈으로 확인하는 점검으로서 연구활동 시작 전에 매일 1회 실시 다만, 저위험연구실의 경우에는 매주 1회 이상 실시
정기점검	연구활동에 사용되는 기계·기구·전기·약품·병원체 등의 보관상태 및 보호장비의 관리실태 등을 안전점검기기를 이용하여 실시하는 세부적인 점검으로서 매년 1회 이상 실시 다만, 다음 각 목의 어느 하나에 해당하는 연구실의 경우에는 정기점검 면제 ① 저위험연구실 ② 안전관리 우수연구실 인증을 받은 연구실 이 경우 정기점검 면제기한은 인증 유효기간의 만료일이 속하는 연도의 12월 31일까지로 함

---

11) 과학기술정보통신부고시 「연구실 안전점검 및 정밀안전진단에 관한 지침」을 말함

종류	실시시기
특별안전점검	폭발사고·화재사고 등 연구활동종사자의 안전에 치명적인 위험을 야기할 가능성이 있을 것으로 예상되는 경우에 실시하는 점검으로서 연구주체의 장이 필요하다고 인정하는 경우에 실시

③ 저위험연구실

저위험연구실은 다음의 연구실을 제외한 연구실을 의미함

① 연구활동에 「화학물질관리법」 제2조제7호에 따른 유해화학물질을 취급하는 연구실

> **「화학물질관리법」 제2조【정의】**
> 7. "유해화학물질"이란 유독물질, 허가물질, 제한물질 또는 금지물질, 사고대비물질, 그 밖에 유해성 또는 위해성이 있거나 그러할 우려가 있는 화학물질을 말함
>
> * 유독물질의 종류: 「국립환경과학원고시 유독물질의 지정고시」 [별표] 참조
> * 허가물질: 미지정
> * 제한물질의 종류: 「환경부고시 제한물질·금지물질의 지정」 [별표 2] 참조
> * 금지물질의 종류: 「환경부고시 제한물질·금지물질의 지정」 [별표 4] 참조
> * 사고대비물질의 종류: 「화학물질관리법 시행규칙」 [별표 10] 및 「환경부고시 사고대비물질의 지정」 제2조 참조

② 연구활동에 「산업안전보건법」 제104조에 따른 유해인자를 취급하는 연구실

「산업안전보건법」제104조【유해인자의 분류기준】	
「산업안전보건법」제104조【유해인자의 분류기준】 화학적 인자	■ 물리적 위험성 1)폭발성 물질, 2)인화성 가스, 3)인화성 액체, 4)인화성 고체 5)에어로졸, 6)물반응성 물질, 7)산화성 가스, 8)산화성 액체 9)산화성 고체, 10)자기반응성 물질, 11)자기반응성 물질, 12)자연발화성 액체, 13)자연발화성 고체, 14)자기발열성 물질, 15)유기과산화물, 16)금속 부식성 물질 ■ 건강 및 환경 유해성 1)급성 독성 물질, 2)피부 부식성 또는 자극성 물질), 3)심한 눈 손상성 또는 자극성 물질, 4)호흡기 과민성 물질, 5)피부 과민성 물질, 6)발암성 물질, 7)생식세포 변이원성 물질, 8)생식독성 물질, 9)특정 표적장기 독성 물질(1회 노출), 10)특정 표적장기 독성 물질(반복 노출), 11)흡인 유해성 물질, 12)수생 환경 유해성 물질, 13)오존층 유해성 물질
물리적 인자	1)소음, 2)진동, 3)방사선, 4)이상기압, 5)이상기온
생물학적 인자	1)혈액매개 감염인자 2)공기매개 감염인자 3)곤충 및 동물매개 감염인자

③ 연구활동에 과학기술정보통신부령으로 정하는 독성가스를 취급하는 연구실

「고압가스 안전관리법 시행규칙」제2조【정의】제1항

2. "독성가스"란 아크릴로니트릴·아크릴알데히드·아황산가스·암모니아·일산화탄소·이황화탄소·불소·염소·브롬화메탄·염화메탄·염화프렌·산화에틸렌·시안화수소·황화수소·모노메틸아민·디메틸아민·트리메틸아민·벤젠·포스겐·요오드화수소·브롬화수소·염화수소·불화수소·겨자가스·알진·모노실란·디실란·디보레인·세렌화수소·포스핀·모노게르만 및 그 밖에 공기 중에 일정량 이상 존재하는 경우 인체에 유해한 독성을 가진 가스로서 허용농도가 100만분의 5000 이하인 것

④ 화학물질, 가스, 생물체, 생물체의 조직 등 적출물(摘出物), 세포 또는 혈액을 취급하거나 보관하는 연구실

⑤ 「산업안전보건법 시행령」 제70조, 제71조, 제74조제1항제1호, 제77조제1항제1호 및 제78조제1항에 따른 기계·기구 및 설비를 취급하거나 보관하는 연구실

■ 「산업안전보건법 시행령」 제70조【방호조치를 해야 하는 유해하거나 위험한 기계·기구】

1. 예초기	2. 원심기	3. 공기압축기
4. 금속절단기	5. 지게차	6. 포장기계(진공포장기, 래핑기로 한정)

■ 「산업안전보건법 시행령」 제71조【대여자 등이 안전조치 등을 해야 하는 기계·기구·설비 및 건축물 등】

1. 사무실 및 공장용 건축물	15. 항발기
2. 이동식 크레인	16. 어스드릴
3. 타워크레인	17. 천공기
4. 불도저	18. 어스오거
5. 모터 그레이더	19. 페이퍼드레인머신
6. 로더	20. 리프트
7. 스크레이퍼	21. 지게차
8. 스크레이퍼 도저	22. 롤러기
9. 파워 셔블	23. 콘크리트 펌프
10. 드래그라인	24. 고소작업대
11. 클램셸	25. 그 밖에 산업재해보상보험및예방심의위원회 심의를 거쳐 고용노동부장관이 정하여 고시하는 기계, 기구, 설비 및 건축물 등
12. 버킷굴착기	
13. 트렌치	
14. 항타기	

■ 「산업안전보건법 시행령」 제74조【안전인증대상기계등】제①항제1호

1. 프레스
2. 전단기 및 절곡기(折曲機)
3. 크레인
4. 리프트
5. 압력용기
6. 롤러기
7. 사출성형기(射出成形機)
8. 고소(高所) 작업대
9. 곤돌라

■ 「산업안전보건법 시행령」 제77조【자율안전확인대상기계등】제①항제1호

1. 연삭기(研削機) 또는 연마기. 이 경우 휴대형은 제외
2. 산업용 로봇
3. 혼합기
4. 파쇄기 또는 분쇄기
5. 식품가공용 기계 (파쇄·절단·혼합·제면기만 해당)
6. 컨베이어
7. 자동차정비용 리프트
8. 공작기계 (선반, 드릴기, 평삭·형삭기, 밀링만 해당)
9. 고정형 목재가공용 기계(둥근톱, 대패, 루타기, 띠톱, 모떼기 기계만 해당)
10. 인쇄기

■ 「산업안전보건법 시행령」 제78조【안전검사대상기계등】제①항

1. 프레스
2. 전단기
3. 크레인(정격 하중이 2톤 미만인 것은 제외)
4. 리프트
5. 압력용기
6. 곤돌라
7. 국소배기장치(이동식은 제외)
8. 원심기(산업용만 해당)
9. 롤러기(밀폐형 구조는 제외)
10. 사출성형기[형 체결력(型 締結力) 294킬로뉴턴(KN) 미만은 제외]
11. 고소작업대(「자동차관리법」 제3조제3호 또는 제4호에 따른 화물자동차 또는 특수자동차에 탑재한 고소작업대로 한정)
12. 컨베이어
13. 산업용 로봇

⑥ 「산업안전보건법 시행령」 제74조제1항세2호 및 세77조제1항제2호에 따른 방호장치가 장착된 기계·기구 및 설비를 취급하거나 보관하는 연구실

■ 「산업안전보건법 시행령」 제74조【안전인증대상기계등】제①항제2호

1. 프레스 및 전단기 방호장치
2. 양중기용(揚重機用) 과부하 방지장치
3. 보일러 압력방출용 안전밸브
4. 압력용기 압력방출용 안전밸브
5. 압력용기 압력방출용 파열판
6. 절연용 방호구 및 활선작업용(活線作業用) 기구
7. 방폭구조(防爆構造) 전기기계·기구 및 부품
8. 추락·낙하 및 붕괴 등의 위험 방지 및 보호에 필요한 가설기자재로서 고용노동부장관이 정하여 고시하는 것12)
9. 충돌·협착 등의 위험 방지에 필요한 산업용 로봇 방호장치로서 고용노동부장관이 정하여 고시하는 것

■ 「산업안전보건법 시행령」 제77조【자율안전확인대상기계등】제①항제2호

1. 아세틸렌 용접장치용 또는 가스집합 용접장치용 안전기
2. 교류 아크용접기용 자동전격방지기
3. 롤러기 급정지장치
4. 연삭기 덮개
5. 목재 가공용 둥근톱 반발 예방장치와 날 접촉 예방장치
6. 동력식 수동대패용 칼날 접촉 방지장치
7. 추락·낙하 및 붕괴 등의 위험 방지 및 보호에 필요한 가설기자재(안전인증 대상 가설기자재는 제외)로서 고용노동부장관이 정하여 고시하는 것13)

---

12) 1. 파이프서포트 및 동바리용 부재 2. 조립식 비계용 부재 3. 이동식 비계용 부재 4. 작업발판 5. 조임철물 6. 받침철물 7. 조립식안전난간 등
13) 1. 선반지주 2. 단관비계용 강관 3. 고정형 받침철물 4. 달기체인 5. 달기틀 6. 방호선반 7. 엘리베이터 개구부용 난간틀 8. 측벽용 브래킷

④ 안전점검 실시자의 구분

① 안전점검은 자체점검과 위탁(대행)점검으로 구분

② 자체점검 시 법령에서 정한 기술인력과 점검장비를 갖추어 점검을 실시하여야 함

③ 위탁(대행)섬섬 시 과학기술정보통신부장관에게 등록된 대행기관에 위턱

⑤ 안전점검 직접 실시요건

① 일상점검

점검 실시자의 인적 자격 요건	물적 장비 요건
연구활동종사자	별도 장비 불필요

② 정기점검 및 특별안전점검

점검 분야	점검 실시자의 인적 자격 요건	물적 장비 요건
일반안전, 기계, 전기 및 화공	다음 각 호의 어느 하나에 해당하는 사람 ① 인간공학기술사, 기계안전기술사, 전기안전기술사 또는 화공안전기술사 ② 다음 각 목의 어느 하나에 해당하는 분야의 박사학위 취득 후 안전 업무 경력이 1년 이상인 사람 　가. 안전 　나. 기계 　다. 전기 　라. 화공	정전기 전하량 측정기 접지저항측정기 절연저항측정기

점검 분야	점검 실시자의 인적 자격 요건	물적 장비 요건
일반안전, 기계, 전기 및 화공	③ 다음 각 목의 어느 하나에 해당하는 기능장·기사 자격 취득 후 관련 경력 3년 이상인 사람 또는 산업기사 자격 취득 후 관련 경력 5년 이상인 사람 　가. 일반기계기사 　나. 전기기능장·전기기사 또는 전기산업기사 　다. 화공기사 또는 화공산업기사 ④ 산업안전기사 자격 취득 후 관련 경력 1년 이상인 사람 또는 산업안전산업기사 자격 취득 후 관련 경력 3년 이상인 사람 ⑤ 「전기사업법」 제73조에 따른 전기안전관리자로서의 경력이 1년 이상인 사람 ⑥ 연구실안전환경관리자	
소방 및 가스	다음 각 호의 어느 하나에 해당하는 사람 ① 소방기술사 또는 가스기술사 ② 소방 또는 가스 분야의 박사학위 취득 후 안전 업무 경력이 1년 이상인 사람 ③ 가스기능장·가스기사·소방설비기사 자격 취득 후 관련 경력 1년 이상인 사람 또는 가스산업기사·소방설비산업기사 자격 취득 후 관련 경력 3년 이상인 사람 ④ 「화재예방, 소방시설 설치·유지 및 안전관리에 관한 법률」 제20조에 따른 소방안전관리자로서의 경력이 1년 이상인 사람 ⑤ 연구실안전환경관리자	가스누출검출기 가스농도측정기 일산화탄소농도측정기
산업위생 및 생물	다음 각 호의 어느 하나에 해당하는 사람 ① 산업위생관리기술사 ② 산업위생, 보건위생 또는 생물 분야의 박사학위 취득 후 안전 업무 경력이 1년 이상인 사람 ③ 산업위생관리기사 자격 취득 후 관련 경력 1년 이상인 사람 또는 산업위생관리산업기사 자격 취득 후 관련 경력 3년 이상인 사람 ④ 연구실안전환경관리자	분진측정기 소음측정기 산소농도측정기 풍속계 조도계(밝기측정기)

※ 물적 장비 중 해당 장비의 기능을 2개 이상 갖춘 복합기능 장비를 갖춘 경우에는 개별 장비를 갖춘 것으로 봄

⑥ 안전점검 실시자의 의무(연구실안전법 제18조)

① 안전점검을 실시하는 사람은 안전점검지침에 따라 다음의 사항을 준수하여 성실하게 그 업무를 수행하여야 함

　가. 해당 연구실 특성에 맞는 보호구 항시 착용 및 상시안전 확보·유지

　나. 성실한 점검 수행

　다. 분야별 기술인력과 장비를 갖출 것

　라. 업무상 알게 된 비밀 유지

　마. 그 밖에 연구실내의 안전관리 규정준수 등

② 연구실책임자, 연구활동종사자는 원활한 점검이 실시되도록 다음의 사항에 적극 협조하여야 함

　가. 연구실 개방 및 입회

　나. 연구실내 유해인자, 연구개발활동에 관한 기술적인 사항 안내

　다. 그 밖에 실시자가 필요로 하는 사항

③ 안전점검 및 정밀안전진단에 사용하는 장비는 소요성능 및 측정의 정밀·정확도를 유지하도록 관리하여야 하며 「국가표준기본법」 및 「계량에 관한 법률」에 의하여 점검·교정을 받아야 하고 그 주기는 다음과 같음

분야	장비명	주기(월)
기계안전 전기안전 화공안전	1) 정전기전하량 측정기	12
	2) 접지저항측정기	12
	3) 절연저항측정기	12
	4) 집전식전위측정기	12
소방안전 가스안전	1) 가스누출검출기	12
	2) 가스농도측정기	12
	3) 일산화탄소농도 측정기	12
산업위생 기타안전	1) 분진측정기	12
	2) 산소농도측정기	12
	3) 풍속계	12
	4) 조도계	12

⑦ 안전점검의 실시

① 일상점검

　가. 연구실책임자는 연구활동종사자가 매일 연구개발활동 시작 전 일상점검을 실시하고 그 결과를 기록·유지하도록 하여야 함. 이 때, 연구실책임자는 연구실안전관리담당자를 지정하여 점검을 하도록 할 수 있음

　나. 일상점검을 실시할 때에는 안전점검지침**14)**에 따라 실시

　다. 일상점검을 실시하는 자는 사고 및 위험 가능성이 있는 사항 발견 즉시 해당 연구실책임자에게 보고하고 필요한 조치를 취하여야 함

　라. 연구실책임자는 일상점검 결과기록 및 미비사항을 매일 확인 조치하고, 지시사항을 점검일지에 기록하여야 함. 다만, 연구실책임자가 휴가·질병 또는 출장 등의 사유로 불가피하게 연구실

---

14) 과학기술정보통신부고시 「연구실 안전점검 및 정밀안전진단에 관한 지침」 [별표 2]

에 부재한 경우에는 예외로 할 수 있음

② 정기점검

　　가. 연구주체의 장은 안전점검 장비를 이용하여 매년 1회 이상 정기적으로 소관 연구실에 대해 점
　　　　검을 실시하여야 함

　　나. 정기점검을 실시할 때에는 안전점검지침15)에 따라 실시

　　다. 실시자는 연구실 내의 모든 인적·물적인 면에서 물리화학적·기능적 결함 등이 있는지 여부를
　　　　다음에 따라 점검하여야 함

　　　　1) 점검 실시자의 인적 자격 요건에 해당하는 기술인력과 점검장비를 갖추어 점검을 실시하고
　　　　　그 측정값을 점검결과에 기입

　　　　2) 해당 연구실의 위험요인에 적합한 보호구를 착용한 후 점검을 실시하고, 그 보호구는 사용
　　　　　후 최적 상태가 유지되도록 보관

　　라. 연구주체의 장은 연구 중단으로 연구실이 폐쇄되어 1년 이상 방치된 연구실의 경우 연구를 재
　　　　개하기 전에 연구실의 기기·시설물 전반에 대해 정기점검에 준하는 점검을 해당 연구실책임자
　　　　와 함께 실시하고, 점검결과에 따라 적절한 안전조치를 취한 후 연구를 재개하도록 하여야 함

③ 특별안전점검

　　가. 연구주체의 장은 폭발사고·화재사고 등 연구활동종사자의 안전에 치명적인 위험을 야기할 가
　　　　능성이 있는 경우 분야별 기술인력과 장비를 갖추어 특별안전점검을 실시하여야 함

　　나. 특별안전점검을 실시할 때에는 안전점검지침16)에 따라 실시

---

15) 과학기술정보통신부고시 「연구실 안전점검 및 정밀안전진단에 관한 지침」 [별표 3]
16) 과학기술정보통신부고시 「연구실 안전점검 및 정밀안전진단에 관한 지침」 [별표 3], [별표 4]

⑧ 실시 결과보고서

정기점검의 보고서는 다음과 같이 작성하여야 하며, 연구실내 결함에 대한 증빙 및 분석 등을 명확히 하기 위하여 현장사진, 점검장비 측정값 등 근거자료를 기록하고 문제점과 개선대책을 제시하여야 함

제1장 점검·진단 개요

1. 점검·진단 배경 및 목적
2. 추진 일정 및 대상 연구실
3. 연구실별 점검·진단인력 및 장비 투입현황(점검·진단인력 서명 포함)
4. 점검·진단 방법
5. 점검·진단 범위

제2장 안전관리 현황

1. 안전관리 조직
2. 안전교육 실시
3. 안전관련 예산
4. 연구실 유해인자(위험기계·기구, 화학물질 등)
5. 사고현황, 사고발생 시 대책 및 후속 조치

제3장 점검 및 진단 실시 결과

1. 점검·진단 결과 평가 등급
   가. 평가등급 기준
   나. 평가등급 분석
   다. 연구실별 평가등급 현황
   라. 점검장비를 사용한 측정값
2. 분야별 주요지적(점검·진단 사항)
   가. 일반안전
   나. 기계안전
   다. 전기안전
   라. 화공안전

마. 소방안전

바. 가스안전

사. 산업위생

아. 생물안전

자. 유해인자별 노출도평가의 적정성(특별안전점검·진단에 한함)

차. 유해인자별 취급 및 관리의 적정성(특별안전점검·진단에 한함)

카. 연구실 사전유해인자위험분석의 적정성(특별안전점검·진단에 한함)

제4장 결론 및 개선대책

1. 결론

2. 개선대책

⑨ 결과의 평가 및 안전조치

① 정기점검 및 특별안전점검을 실시한 자는 그 점검 결과를 종합하여 연구실 안전 등급[17]을 부여하고, 그 결과를 연구주체의 장에게 알려야 함

---

17) 연구실 안전등급 평가기준

등급	연구실 안전환경 상태
1	연구실 안전환경에 문제가 없고 안전성이 유지된 상태
2	연구실 안전환경 및 연구시설에 결함이 일부 발견되었으나, 안전에 크게 영향을 미치지 않으며 개선이 필요한 상태
3	연구실 안전환경 또는 연구시설에 결함이 발견되어 안전환경 개선이 필요한 상태
4	연구실 안전환경 또는 연구시설에 결함이 심하게 발생하여 사용에 제한을 가하여야 하는 상태
5	연구실 안전환경 또는 연구시설의 심각한 결함이 발생하여 안전상 사고발생위험이 커서 즉시 사용을 금지하고 개선해야 하는 상태

② 연구주체의 장은 점검의 실시 결과 4등급 또는 5등급의 연구실 안전등급을 받거나 중대한 결함[18]이 발견된 경우에는 다음의 조치를 하여야 함

　가. 중대한 결함이 있는 경우에는 그 결함이 있음을 인지한 날부터 7일 이내 과학기술정보통신부장관에게 보고하고 안전상의 조치 실시

　나. 안전등급 평가결과 4등급 또는 5등급 연구실의 경우에는 사용제한·금지 또는 철거 등의 안전조치를 이행하고 과학기술정보통신부장관에게 즉시 보고

③ 연구주체의 장은 정기점검 및 특별안전점검을 실시한 날로부터 3개월 이내에 그 결함사항에 대한 보수·보강 등의 필요한 조치에 착수하여야 하며, 특별한 사유가 없는 한 착수한 날부터 1년 이내에 이를 완료하여야 함

④ 연구주체의 장은 안전점검 실시 결과를 지체 없이 게시판, 사보, 홈페이지 등을 통해 공표하여 연구활동종사자들에게 알려야 함

🔟 서류보존

① 일상점검, 정기점검, 및 특별안전점검실시 결과 보고서 등은 다음 일정기간 이상 보존·관리하여야 함. 단, 보존기간의 기산일은 보고서가 작성된 다음연도의 첫날로 함

　가. 일상점검표 : 1년

　나. 정기점검, 특별안전점검 결과보고서 : 3년

1️⃣1️⃣ 안전점검 소요 비용(연구실안전법 제22조【비용의 부담 등】)

안전점검에 소요되는 비용은 해당 대학·연구기관등이 부담

---

18) 본서 제3장 연구실 안전조치 → 3-6 안전점검 및 정밀안전진단 실시 결과의 보고 및 공표 → ③ 결과의 보고 제①항 참조

12 벌칙

◈ **연구실안전법 제43조【벌칙】**

① 다음 각 호의 어느 하나에 해당하는 자는 5년 이하의 징역 또는 5천만원 이하의 벌금에 처한다.

　　1. 제14조 및 제15조에 따른 안전점검 또는 정밀안전진단을 실시하지 아니하거나 성실하게 실시하지 아니함으로써 연구실에 중대한 손괴를 일으켜 공중의 위험을 발생하게 한 자

　　2. 제25조제1항에 따른 조치를 이행하지 아니하여 공중의 위험을 발생하게 한 자

② 제1항 각 호의 죄를 범하여 사람을 사상에 이르게 한 자는 3년 이상 10년 이하의 징역에 처한다.

◈ **연구실안전법 제45조【양벌규정】**

① 법인의 대표자나 법인 또는 개인의 대리인, 사용인, 그 밖의 종업원이 그 법인 또는 개인의 업무에 관하여 제43조제1항 또는 제44조의 위반행위를 하면 그 행위자를 벌하는 외에 그 법인 또는 개인에게도 해당 조문의 벌금형을 과(科)한다. 다만, 법인 또는 개인이 그 위반행위를 방지하기 위하여 해당 업무에 관하여 상당한 주의와 감독을 게을리하지 아니한 경우에는 그러하지 아니하다.

② 법인의 대표자나 법인 또는 개인의 대리인, 사용인, 그 밖의 종업원이 그 법인 또는 개인의 업무에 관하여 제43조제2항의 위반행위를 하면 그 행위자를 벌하는 외에 그 법인 또는 개인에게도 1억원 이하의 벌금형을 과한다. 다만, 법인 또는 개인이 그 위반행위를 방지하기 위하여 해당 업무에 관하여 상당한 주의와 감독을 게을리하지 아니한 경우에는 그러하지 아니하다.

위반행위	근거 법조문	과태료 금액(만원)		
		1차 위반	2차 위반	3차 이상 위반
바. 법 제14조제1항에 따른 안전점검을 실시하지 않거나 성실하게 수행하지 않은 경우(법 제43조제1항제1호 따라 벌칙을 부과받은 경우는 제외)	법 제46조제2항제1호	500	600	800

ⓘ Tip

■ **연구실 안전점검 및 정밀안전진단 대행기관 등록현황 검색**

- 과학기술정보통신부 홈페이지 → 정보공개 → 사전정보공표목록 → "연구실 안전점검 및 정밀안전진단 대행기관 등록현황" 입력 및 확인

참고 3 | 연구실 일상점검표

<table>
<tr><th colspan="7">연구실 일상점검표</th></tr>
<tr>
<td>기 관 명</td>
<td></td>
<td rowspan="2">결 재</td>
<td colspan="4">연구실책임자</td>
</tr>
<tr>
<td>연구실명</td>
<td></td>
<td colspan="4"></td>
</tr>
<tr>
<td rowspan="2">구분</td>
<td rowspan="2" colspan="2">점검 내용</td>
<td colspan="3">점검 결과</td>
</tr>
<tr>
<td>양호</td>
<td>불량</td>
<td>미해당</td>
</tr>
<tr>
<td rowspan="4">일반
안전</td>
<td colspan="2">연구실(실험실) 정리정돈 및 청결상태</td>
<td></td><td></td><td></td>
</tr>
<tr>
<td colspan="2">연구실(실험실)내 흡연 및 음식물 섭취 여부</td>
<td></td><td></td><td></td>
</tr>
<tr>
<td colspan="2">안전수칙, 안전표지, 개인보호구, 구급약품 등 실험장비(흄후드 등) 관리 상태</td>
<td></td><td></td><td></td>
</tr>
<tr>
<td colspan="2">사전유해인자위험분석 보고서 게시</td>
<td></td><td></td><td></td>
</tr>
<tr>
<td rowspan="3">기계
기구</td>
<td colspan="2">기계 및 공구의 조임부 또는 연결부 이상여부</td>
<td></td><td></td><td></td>
</tr>
<tr>
<td colspan="2">위험설비 부위에 방호장치(보호 덮개) 설치 상태</td>
<td></td><td></td><td></td>
</tr>
<tr>
<td colspan="2">기계기구 회전반경, 작동반경 위험지역 출입금지 방호설비 설치 상태</td>
<td></td><td></td><td></td>
</tr>
<tr>
<td rowspan="4">전기
안전</td>
<td colspan="2">사용하지 않는 전기기구의 전원투입 상태 확인 및 무분별한 문어발식 콘센트 사용 여부</td>
<td></td><td></td><td></td>
</tr>
<tr>
<td colspan="2">접지형 콘센트를 사용, 전기배선의 절연피복 손상 및 배선정리 상태</td>
<td></td><td></td><td></td>
</tr>
<tr>
<td colspan="2">기기의 외함접지 또는 정전기 장애방지를 위한 접지 실시상태</td>
<td></td><td></td><td></td>
</tr>
<tr>
<td colspan="2">전기 분전반 주변 이물질 적재금지 상태 여부</td>
<td></td><td></td><td></td>
</tr>
<tr>
<td rowspan="4">화공
안전</td>
<td colspan="2">유해인자 취급 및 관리대장, MSDS의 비치</td>
<td></td><td></td><td></td>
</tr>
<tr>
<td colspan="2">화학물질의 성상별 분류 및 시약장 등 안전한 장소에 보관 여부</td>
<td></td><td></td><td></td>
</tr>
<tr>
<td colspan="2">소량을 덜어서 사용하는 통, 화학물질의 보관함.보관용기에 경고표시 부착 여부</td>
<td></td><td></td><td></td>
</tr>
<tr>
<td colspan="2">실험폐액 및 폐기물 관리상태
(폐액분류표시, 적정용기 사용, 폐액용기덮개체결상태 등)</td>
<td></td><td></td><td></td>
</tr>
<tr>
<td colspan="2">발암물질, 독성물질 등 유해화학물질의 격리보관 및 시건장치 사용여부</td>
<td></td><td></td><td></td>
</tr>
<tr>
<td rowspan="3">소방
안전</td>
<td colspan="2">소화기 표지, 적정소화기 비치 및 정기적인 소화기 점검상태</td>
<td></td><td></td><td></td>
</tr>
<tr>
<td colspan="2">비상구, 피난통로 확보 및 통로상 장애물 적재 여부</td>
<td></td><td></td><td></td>
</tr>
<tr>
<td colspan="2">소화전, 소화기 주변 이물질 적재금지 상태 여부</td>
<td></td><td></td><td></td>
</tr>
<tr>
<td rowspan="5">가스
안전</td>
<td colspan="2">가스 용기의 옥외 지정장소보관, 전도방지 및 환기 상태</td>
<td></td><td></td><td></td>
</tr>
<tr>
<td colspan="2">가스용기 외관의 부식, 변형, 노즐잠금상태 및 가스용기 충전기한 초과여부</td>
<td></td><td></td><td></td>
</tr>
<tr>
<td colspan="2">가스누설검지경보장치, 역류/역화 방지장치, 중화제독장치 설치 및 작동상태 확인</td>
<td></td><td></td><td></td>
</tr>
<tr>
<td colspan="2">배관 표시사항 부착, 가스사용시설 경계/경고표시 부착, 조정기 및 밸브 등 작동 상태</td>
<td></td><td></td><td></td>
</tr>
<tr>
<td colspan="2">주변화기와의 이격거리 유지 등 취급 여부</td>
<td></td><td></td><td></td>
</tr>
<tr>
<td rowspan="4">생물
안전</td>
<td colspan="2">생물체(LMO 포함) 및 조직, 세포, 혈액 등의 보관 관리상태(보관용기 상태, 보관기록 유지, 보관 장소의 생물재해(Biohazard) 표시 부착 여부 등)</td>
<td></td><td></td><td></td>
</tr>
<tr>
<td colspan="2">손 소독기 등 세척시설 및 고압멸균기 등 살균 장비의 관리 상태</td>
<td></td><td></td><td></td>
</tr>
<tr>
<td colspan="2">생물체(LMO 포함) 취급 연구시설의 관리·운영대장 기록 작성 여부</td>
<td></td><td></td><td></td>
</tr>
<tr>
<td colspan="2">생물체 취급기구(주사기, 핀셋 등), 의료폐기물 등의 별도 폐기 여부 및 폐기용기 덮개설치 상태</td>
<td></td><td></td><td></td>
</tr>
<tr>
<td colspan="6">※ 지시(특이) 사항 :</td>
</tr>
<tr>
<td colspan="6" align="center">* 상기 내용을 성실히 점검하여 기록함.</td>
</tr>
</table>

점검자(연구실안전관리담당자) :   (서명)

참고 4 | 정기점검 및 특별안전점검 실시 내용

분 야	점 검 항 목	양호	불량	해당 없음
일반 안전	일상점검 실시여부	☐	☐	☐
	연구실 내 정리정돈 및 청결상태 여부	☐	☐	☐
	연구실 내 취침, 취사, 흡연 행위	☐	☐	☐
	연구실 안전관리규정 비치, 공표, 변경사항 게시여부	☐	☐	☐
	사고발생 대응절차 수립 여부	☐	☐	☐
	연구실 내 안전시설 조성여부(천장파손, 누수, 창문파손 등)	☐	☐	☐
	실험공간과 연구공간의 분리여부	☐	☐	☐
	사전유해인자위험분석 연구실 안전현황 게시 여부	☐	☐	☐
	안전교육 실시여부 및 현황	☐	☐	☐
	안전관리 대상목록 작성 여부	☐	☐	☐
	안전시설·장비 작동시험실시 여부/정상작동 여부	☐	☐	☐
	기타 일반안전 분야 위험 요소	☐	☐	
기계 안전	방호장치 설치 여부(띠톱, 드릴, 선반, 밀링, 프레스 등)	☐	☐	☐
	안전덮개 설치 여부 (V-벨트, 회전축, 연삭기 등)	☐	☐	☐
	로봇 안전방책 등 방호울 설치 및 관리	☐	☐	☐
	위험 기계, 기구별 안전수칙 게시 및 교육여부	☐	☐	☐
	위험 기계, 기구별 작동 매뉴얼 비치여부	☐	☐	☐
	위험 기계·기구 안전검사 실시 여부(프레스, 압력용기 등)	☐	☐	☐
	교류아크용접기 자동전격방지장치 설치	☐	☐	☐
	연구실 내 장비에 대한 동력차단장치 또는 비상정지장치 여부	☐	☐	☐
	기계 기구별 정기적인검사 실시 여부	☐	☐	☐
	기타 기계안전 분야 위험 요소	☐	☐	
전기 안전	분전반 내 각 회로별 명판 부착 여부	☐		☐
	분전반 내 절연효과가 있는 방호망 등의 절연덮개 부착	☐		☐
	고용량기기 단독회로 구성	☐		☐
	전선 피복 노후 및 손상, 전기배관·정리상태	☐		☐
	연구실 내 개인전열기 비치	☐		☐
	전기 충전부 노출	☐		☐
	콘센트 사용 및 관리 상태(문어발식, 접지콘센트 사용여부 등)	☐		☐
	방폭전기설비 설치 적정성	☐	☐	☐
	분전반내 차단기(배선용, 누전)설치 및 관리 상태	☐		☐
	분전반 및 실험기기 접지 실시 여부, 접지 시설의 적합성	☐		☐
	치단기 용량 적합 및 과부하 접속 여부	☐	☐	☐

분야		점 검 항 목	양호	불량	해당 없음
		분전반 도어 개폐 불량 및 적치물 방치 여부	☐	☐	☐
		개수대 주변 콘센트 방수조치 여부	☐	☐	☐
		기타 전기안전 분야 위험 요소	☐	☐	☐
화공 안전		물질안전보건자료 비치 및 교육	☐	☐	☐
		시약병 경고표지 부착(물질명 및 주의사항, 조제일자, 조제자명)	☐	☐	☐
		시약선반 전도방지조치	☐	☐	☐
		시약용기 보관 상태(밀폐, 보관위치 등)	☐	☐	☐
		시약장 시건장치	☐	☐	☐
		미사용 시약 적정 기간 보관 여부	☐	☐	☐
		화학약품 성상별 분류 보관 여부	☐	☐	☐
		폐액용기 보관 상태	☐	☐	☐
		폐액의 성상별 분류, 전용용기 보관 및 성상분류명 부착	☐	☐	☐
		세척설비(세안기, 샤워설비) 설치 및 관리 상태	☐	☐	☐
		독성물질의 사용 및 보관, 누출여부 확인 등 관리 상태	☐	☐	☐
		기타 화공안전 분야 위험 요소	☐	☐	☐
	유해화학물질취급시설 검사항목	화학물질 배관의 강도 및 두께 적절성 여부	☐	☐	☐
		화학물질 밸브 등의 개폐방향을 색채 또는 기타 방법으로 표시 여부	☐	☐	☐
		화학물질 배관 내 물질, 압력, 흐름방향, 등 표시여부	☐	☐	☐
		화학물질 제조·사용설비에 안전장치 설치여부 (과압방지장치 등)	☐	☐	☐
		화학물질 취급시설 또는 배관, 부속품 등 부식방지조치 및 적정 재질 사용여부	☐	☐	☐
		화학물질 저장시설 또는 용기 등 파손, 부식, 균열 여부	☐	☐	☐
		화학물질 취급시 해당 물질의 성질에 맞는 온도, 압력 등 유지 여부	☐	☐	☐
		화학물질 가열·건조설비의 경우 간접가열구조 여부 (단, 직접 불을 사용하지 않는 구조, 안전한 장소설치, 화재방지설비 설치의 경우 제외)	☐	☐	☐
		화학물질 취급설비에 정전기제거 유효성 여부 (접지에 의한 방법, 상대습도 70% 이상으로 하는 방법, 공기 이온화하는 방법)	☐	☐	☐
		화학물질 취급시설에 피뢰침 설치 여부 (단, 취급시설 주위에 안전상 지장 없는 경우 제외)	☐	☐	☐
		가연성 화학물질 취급시설과 화기취급시설 8m이상	☐	☐	☐

분 야	점 검 항 목	양호	불량	해당 없음
	우회거리 확보 여부 (단, 안전조치를 취하고 있는 경우 제외)			
	화학물질 취급 또는 저장설비의 연결부 이상 유무의 주기적 확인(1회/주 이상)	☐	☐	☐
	소량기준 이상 화학물질을 취급하는 시설에 누출시 감지·경보할 수 있는 설비 설치 여부(CCTV 등)	☐	☐	☐
	화학물질 배관 말단부 적절한 방법으로 마감처리 여부	☐	☐	☐
	화학물질의 폭발 우려가 있는 장소에 조명등을 방폭형으로 설치 여부	☐	☐	☐
	점멸스위치 출입구 밖 설치 유무 (스위치로 인해 화재·폭발우려가 있을 경우)	☐	☐	☐
	배출설비의 국소배기방식 여부 (단, 화학물질 취급시설이 배관이음 등으로 된 경우, 건축물 구조 작업장소의 분포 등의 조건에 의해 전역방식으로 설치해야 할 경우는 전역방식 가능)	☐	☐	☐
	배출설비가 배풍기, 배출닥트, 후드 등을 이용하여 강제배출 가능한 지의 여부	☐	☐	☐
	화재 원인이 될 우려가 있는 화학물질 취급시설에 소화설비 설치 여부	☐	☐	☐
	화학물질 취급 중 비상시 응급장비 및 개인보호구 비치 여부	☐	☐	☐
	화학물질 취급시설에서 긴급세척시설 설치 여부	☐	☐	☐
소방 안전	인화성물질 적정 보관 여부	☐	☐	☐
	소화기구의 화재안전기준에 따른 소화전함, 소화기 비치 및 관리	☐	☐	☐
	소화전함 관리	☐	☐	☐
	출입구 및 복도통로 적재물 비치 여부, 비상통로 확보 상태	☐	☐	☐
	비상조명등 예비 전원	☐	☐	☐
	자동확산 소화용구 설치 적합성	☐	☐	☐
	스프링클러헤드 설치 적합성	☐	☐	☐
	방출표시등 설치 적합성	☐	☐	☐
	가스소화설비 설치 적합성	☐	☐	☐
	적응성감지기(연기, 열)설치 및 관리	☐	☐	☐
	화재발신기 관리	☐	☐	☐
	피난기구 완강기 설치 및 관리(완강기, 유도등 등)	☐	☐	☐
	연결살수설비 살수반경	☐	☐	☐
	자동방화셔터 설치 및 관리	☐	☐	☐
	방화문 설치 밋 관리	☐	☐	☐

분 야	점 검 항 목	양호	불량	해당 없음
	대피경로 부착 및 대피로(통로) 확보 여부	☐	☐	☐
	연구실 별 취급물질에 대한 소화기 적합성 여부	☐	☐	☐
	기타 소방안전 분야 위험 요소	☐	☐	☐
가스 안전	가스용기 충전기한 경과 여부	☐	☐	☐
	가스용기 고정 여부	☐	☐	☐
	가스 용기보관 위치(직사광선, 고온 주변 등)	☐	☐	☐
	가스용기 밸브 보호캡 설치 여부	☐	☐	☐
	LPG 및 아세틸렌용기 역화방지장치 부착	☐	☐	☐
	가스배관에 명칭, 압력, 흐름방향 등 기입	☐	☐	☐
	가스배관 및 부속품 부식 여부	☐	☐	☐
	가스호스 T형 연결사용 여부	☐	☐	☐
	용기, 배관, 조정기 및 밸브 등 가스 누출 확인	☐	☐	☐
	가연성·조연성·독성 가스용기 보관 및 관리 상태	☐	☐	☐
	가스배관 충격방지보호덮개 설치	☐	☐	☐
	가스누출경보장치 설치 및 관리(가연성, 독성 등)	☐	☐	☐
	가연성 및 독성가스 누출 여부	☐	☐	☐
	가연성·조연성 가스혼재 여부	☐	☐	☐
	미사용 가스배관 방치 및 가스배관 말단부 막음 조치 상태	☐	☐	☐
	독성가스 중화제독 장치 설치 및 작동상태 확인	☐	☐	☐
	미사용 가스용기 보관 여부	☐	☐	☐
	기타 가스안전 분야 위험 요소	☐	☐	☐
산업 위생	안전보건표지 부착	☐	☐	☐
	냉장고내 시약·음식 혼재	☐	☐	☐
	구급용구 비치 및 관리 상태	☐	☐	☐
	보호구 비치 및 착용	☐	☐	☐
	국소배기장치 설치 및 관리	☐	☐	☐
	흄후드 설치 및 작동	☐	☐	☐
	배기 덕트 관리 상태	☐	☐	☐
	집진장치 설치 및 관리	☐	☐	☐
	실험특성에 맞는 적정 조도수준 유지 여부	☐	☐	☐
	연구실 실내 소음 및 진동에 대한 사항	☐	☐	☐
	기타 산업위생 분야 위험 요소	☐	☐	☐
생물 안전	출입문 앞 생물안전 표지 부착 여부	☐	☐	☐
	생물체(LMO, 동물, 식물, 미생물 등) 및 조직, 세포, 혈액 등	☐	☐	☐

분 야	점 검 항 목	양호	불량	해당 없음
	보관 장소의 생물재해(Biohazard) 표시 부착 여부			
	생물체(LMO, 동물, 식물, 미생물 등) 및 조직, 세포, 혈액 등의 보관 관리상태 (적정 보관용기 사용 여부, 보관용기 상태, 보관기록 유지 여부 등)	☐	☐	☐
	손 소독기 등 세척·소독시설과 고압멸균기 등 살균 장비의 설치 여부 및 관리 상태	☐	☐	☐
	의료폐기물 전용용기 비치 및 관리 상태	☐	☐	☐
	의료폐기물과 일반폐기물 혼재 여부 및 생물학적 활성 제거 여부 등 폐기물 처리 절차의 적합성	☐	☐	☐
	동물실험구역과 일반실험구역 분리 여부	☐	☐	☐
	동물사육설비 설치 및 관리상태 (적정 케이지 사용 여부 및 배기덕트 관리 상태 등)	☐	☐	☐
	곤충이나 설치류에 대한 관리방안 마련 여부	☐	☐	☐
	에어로졸 발생 최소화 방안 마련 여부	☐	☐	☐
	생물체(LMO, 동물, 식물, 미생물 등) 취급 연구시설의 설치·운영관련 기록 관리·유지 등 안전운영 상태	☐	☐	☐
	병원체 누출 등 생물 사고에 대한 상황별 SOP 여부	☐	☐	☐
	기타 생물안전 분야 위험 요소	☐	☐	☐

3-5
정밀안전진단의 실시(연구실안전법 제15조)

① 개요

연구주체의 장은 중대연구실사고가 발생하거나 위험한 작업을 수행하는 연구실에 대해 정밀안전진단지침[19]에 따라 정밀안전진단을 실시하여야 함

② 정밀안전진단 대상 및 실시시기

대상	실시시기
① 다음과 같은 사유발생 시 　가. 안전점검을 실시한 결과 연구실사고 예방을 위하여 정밀안전진단이 필요하다고 인정되는 경우 　나. 중대연구실사고[20] 발생한 경우	1회 (비정기적)
② 유해인자를 취급하는 등 위험한 작업을 수행하는 다음의 연구실[21] 　가. 연구활동에 「화학물질관리법」 제2조제7호에 따른 유해화학물질을 취급하는 연구실 　나. 연구활동에 「산업안전보건법」 제104조에 따른 유해인자를 취급하는 연구실 　다. 연구활동에 과학기술정보통신부령으로 정하는 독성가스를 취급하는 연구실	2년마다 1회 이상 (정기적)

※ 정밀안전진단을 실시한 연구실에 대해서는 해당연도 정기점검을 추가로 실시하지 아니할 수 있음

---

19) 과학기술정보통신부고시 「연구실 안전점검 및 정밀안전진단에 관한 지침」을 말함
20) 본서 제1장 연구실안전법 총칙 → 1-3 연구실안전법의 목적 및 정의 → ② 용어정의 제⑬참조
21) [가,나,다] 제3장 연구실 안전조치 → 3-4 안전점검의 실시 → ③ 저위험연구실 제①,②,③항 참조

③ 정밀안전진단 실시자의 구분

① 정밀안전진단은 자체진단과 위탁(대행)진단으로 구분

② 자체진단 시 법령에서 정한 기술인력과 진단장비를 갖추어 진단을 실시하여야 함

③ 위탁(대행)진단 시 과학기술정보통신부장관에게 등록된 대행기관에 위탁

④ 정밀안전진단의 직접 실시요건

진단 분야	진단 실시자의 인적 자격 요건	물적 장비 요건
일반안전, 기계, 전기 및 화공	다음 각 호의 어느 하나에 해당하는 사람 ① 인간공학기술사, 기계안전기술사, 전기안전기술사 또는 화공안전기술사 ② 다음 각 목의 어느 하나에 해당하는 분야의 박사학위 취득 후 안전 업무 경력이 1년 이상인 사람 가. 안전 나. 기계 다. 전기 라. 화공 ③ 다음 각 목의 어느 하나에 해당하는 기능장·기사 자격 취득 후 관련 경력 3년 이상인 사람 또는 산업기사 자격 취득 후 관련 경력 5년 이상인 사람 가. 산업안전기사 또는 산업안전산업기사 나. 일반기계기사 다. 전기기능장·전기기사 또는 전기산업기사 라. 화공기사 또는 화공산업기사 ④「전기사업법」제73조에 따른 전기안전관리자로서의 경력이 3년 이상인 사람	정전기 전하량 측정기 접지저항측정기 절연저항측정기

진단 분야	진단 실시자의 인적 자격 요건	물적 장비 요건
소방 및 가스	다음 각 호의 어느 하나에 해당하는 사람 ① 소방기술사 또는 가스기술사 ② 소방 또는 가스 분야의 박사학위 취득 후 안전 업무 경력이 1년 이상인 사람 ③ 가스기능장·가스기사·소방설비기사 자격 취득 후 관련 경력 3년 이상인 사람 또는 가스산업기사·소방설비산업기사 자격 취득 후 관련 경력 5년 이상인 사람 ④「화재예방, 소방시설 설치·유지 및 안전관리에 관한 법률」제20조에 따른 소방안전관리자로서의 경력이 3년 이상인 사람	가스누출검출기 가스농도측정기 일산화탄소농도측정기
산업위생 및 생물	다음 각 호의 어느 하나에 해당하는 사람 ① 산업위생관리기술사 ② 산업위생, 보건위생 또는 생물 분야의 박사학위 취득 후 안전 업무 경력이 1년 이상인 사람 ③ 산업위생관리기사 자격 취득 후 관련 경력 3년 이상인 사람 또는 산업위생관리산업기사 자격 취득 후 관련 경력 5년 이상인 사람	분진측정기 소음측정기 산소농도측정기 풍속계 조도계(밝기측정기)

※ 물적 장비 중 해당 장비의 기능을 2개 이상 갖춘 복합기능 장비를 갖춘 경우에는 개별 장비를 갖춘 것으로 봄

⑤ 정밀안전진단 실시자의 의무(연구실안전법 제18조)

① 정밀안전진단을 실시하는 사람은 정밀안전진단지침에 따라 다음의 사항을 준수
하여 성실하게 그 업무를 수행하여야 함

　가. 해당 연구실 특성에 맞는 보호구 항시 착용 및 공공안전 확보·유지

　나. 성실한 진단 수행

　다. 분야별 기술인력과 장비를 갖출 것

　라. 업무상 알게 된 비밀 유지

　마. 그 밖에 연구실내의 안전관리 규정준수 등

② 연구실책임자, 연구활동종사자는 원활한 진단이 실시되도록 다음의 사항에 적
극 협조하여야 함

　가. 연구실 개방 및 입회

　나. 연구실내 유해인자, 연구개발활동에 관한 기술적인 사항 안내

　다. 그 밖에 실시자가 필요로 하는 사항

③ 정밀안전진단에 사용하는 장비는 소요성능 및 측정의 정밀·정확도를 유지하도
록 관리하여야 하며 「국가표준기본법」 및 「계량에 관한 법률」에 의하여 해당 주
기[22]마다 점검·교정을 받아야 함

⑥ 정밀안전진단의 실시

① 분야별 기술인력과 진단장비를 갖추어 정밀안전진단을 실시하고, 측정·분석한
내용을 결과보고서에 기입하여야 함

② 정밀안전진단은 외관 육안점검 및 점검장비를 사용하여 연구실내·외의 안전보건
과 관련된 사항을 진단·평가하여야 함

③ 정밀안전진단의 실시 내용은 다음과 같음

---

22) 제3장 연구실 안전조치 → 3-2 안전점검의 실시 → ⑥ 안전점검 실시자의 의무 → 제③항 참조

구분	진단항목	비고
분야별 안전	1. 일반안전 2. 기계안전 3. 전기안전 4. 하공안전 5. 소방안전 6. 가스안전 7. 산업위생 8. 생물안전	정기 섬검에 준함
유해인자별 노출도평가의 적정성	1. 노출도평가 연구실 선정 사유 2. 화학물질 노출기준의 초과여부 3. 노출기준 초과시 개선대책 수립 및 시행여부 4. 노출도평가 관련 서류 보존 여부 5. 노출도평가가 추가로 필요한 연구실 6. 기타 노출도평가에 관한 사항	
유해인자별 취급 및 관리의 적정성	1. 취급 및 관리대장 작성 여부 2. 관리대장의 연구실 내 비치 및 교육 여부 3. 기타 취급 및 관리에 대한 사항	
연구실 사전유해인자위험 분석의 적정성	1. 연구실안전현황, 유해인자 위험분석 작성 및 유효성 여부 2. 연구개발활동안전분석(R&DSA, 2018.1.1.부터 시행) 작성여부 3. 사전유해인자위험분석 보고서 비치 및 관리대장 관리 여부 4. 기타 사전유해인자위험분석 관련 사항	

④ 정밀안전진단 실시자는 노출도평가의 적정 실시 여부, 노출도평가 결과 개선조치 여부 등에 대해 평가하여야 하고, 노출도평가가 추가로 필요하다고 판단되는 연구실은 연구주체의 장에게 그 필요성을 알리고 결과보고서에 기재하여야 함

⑤ 정밀안전진단 실시자는 유해인자의 취급·관리 및 관리대장의 적정성에 대해 평가하고, 결과보고서에 기재하여야 함

⑥ 정밀안전진단 실시자는 해당 연구실의 모든 연구개발활동(실험/실습을 포함) 및 유해인자에 대하여 사전유해인자위험분석을 적정하게 실시하였는지를 확인·평가하여야 함

⑦ 정밀안전진단 결과보고서에 사전유해인자위험분석 결과의 유효성 여부와 후속조치 이행여부 등의 내용을 포함하여야 함

⑦ 실시 결과보고서

정밀안전진단의 보고서는 다음과 같이 작성하여야 하며, 연구실내 결함에 대한 증빙 및 분석 등을 명확히 하기 위하여 현장사진, 점검장비 측정값 등 근거자료를 기록하고 문제점과 개선대책을 제시하여야 함

제1장 점검·진단 개요

1. 점검·진단 배경 및 목적
2. 추진 일정 및 대상 연구실
3. 연구실별 점검·진단인력 및 장비 투입현황(점검·진단인력 서명 포함)
4. 점검·진단 방법
5. 점검·진단 범위

제2장 안전관리 현황

1. 안전관리 조직
2. 안전교육 실시
3. 안전관련 예산
4. 연구실 유해인자(위험기계·기구, 화학물질 등)
5. 사고현황, 사고발생 시 대책 및 후속 조치

제3장 점검 및 진단 실시 결과

1. 점검·진단 결과 평가 등급

　가. 평가등급 기준

　나. 평가등급 분석

　다. 연구실별 평가등급 현황

　라. 점검장비를 사용한 측정값

2. 분야별 주요지적(점검·진단 사항)

　가. 일반안전

　나. 기계안전

　다. 전기안전

　라. 화공안전

　마. 소방안전

　바. 가스안전

　사. 산업위생

　아. 생물안전

　자. 유해인자별 노출도평가의 적정성(특별안전점검·진단에 한함)

　차. 유해인자별 취급 및 관리의 적정성(특별안전점검·진단에 한함)

　카. 연구실 사전유해인자위험분석의 적정성(특별안전점검·진단에 한함)

제4장 결론 및 개선대책

1. 결론

2. 개선대책

⑧ 결과의 평가 및 안전조치

① 정밀안전진단을 실시한 자는 그 진단 결과를 종합하여 연구실 안전등급[23]을 부여하고, 그 결과를 연구주체의 장에게 알려야 함

② 연구주체의 장은 진단의 실시 결과 4등급 또는 5등급의 연구실 안전등급을 받거나 중대한 결함[24]이 발견된 경우에는 다음의 조치를 하여야 함

　가. 중대한 결함이 있는 경우에는 그 결함이 있음을 인지한 날부터 7일 이내 과학기술정보통신부장관에게 보고하고 안전상의 조치 실시

　나. 안전등급 평가결과 4등급 또는 5등급 연구실의 경우에는 사용제한·금지 또는 철거 등의 안전조치를 이행하고 과학기술정보통신부장관에게 즉시 보고

③ 연구주체의 장은 정밀안전진단을 실시한 날로부터 3개월 이내에 그 결함사항에 대한 보수·보강 등의 필요한 조치에 착수하여야 하며, 특별한 사유가 없는 한 착수한 날부터 1년 이내에 이를 완료하여야 함

④ 연구주체의 장은 정밀안전진단 실시 결과를 지체 없이 게시판, 사보, 홈페이지 등을 통해 공표하여 연구활동종사자들에게 알려야 함

⑨ 서류보존

① 정밀안전진단 결과 보고서는 다음 일정기간 이상 보존·관리하여야 함. 단, 보존기간의 기산일은 보고서가 작성된 다음연도의 첫날로 함

　가. 정밀안전진단 결과보고서 : 3년

---

23) 본서 제3장 연구실 안전조치 → 3-4 안전점검의 실시→ ⑧ 결과의 평가 및 안전조치 주석 참조
24) 제3장 연구실 안전조치 → 3-6 안전점검 및 정밀안전진단 실시 결과의 보고 및 공표 → ③ 결과의 보고 제①항 참조

⑩ 정밀안전진단 소요 비용(연구실안전법 제22조【비용의 부담 등】)

정밀안전진단에 소요되는 비용은 해당 대학·연구기관등이 부담

⑪ 벌칙

◆ **연구실안전법 제43조【벌칙】**

① 다음 각 호의 어느 하나에 해당하는 자는 5년 이하의 징역 또는 5천만원 이하의 벌금에 처한다.

   1. 제14조 및 제15조에 따른 안전점검 또는 정밀안전진단을 실시하지 아니하거나 성실하게 실시하지 아니함으로써 연구실에 중대한 손괴를 일으켜 공중의 위험을 발생하게 한 자

   2. 제25조제1항에 따른 조치를 이행하지 아니하여 공중의 위험을 발생하게 한 자

② 제1항 각 호의 죄를 범하여 사람을 사상에 이르게 한 자는 3년 이상 10년 이하의 징역에 처한다.

◆ **연구실안전법 제45조【양벌규정】**

① 법인의 대표자나 법인 또는 개인의 대리인, 사용인, 그 밖의 종업원이 그 법인 또는 개인의 업무에 관하여 제43조제1항 또는 제44조의 위반행위를 하면 그 행위자를 벌하는 외에 그 법인 또는 개인에게도 해당 조문의 벌금형을 과(科)한다. 다만, 법인 또는 개인이 그 위반행위를 방지하기 위하여 해당 업무에 관하여 상당한 주의와 감독을 게을리하지 아니한 경우에는 그러하지 아니하다.

② 법인의 대표자나 법인 또는 개인의 대리인, 사용인, 그 밖의 종업원이 그 법인 또는 개인의 업무에 관하여 제43조제2항의 위반행위를 하면 그 행위자를 벌하는 외에 그 법인 또는 개인에게도 1억원 이하의 벌금형을 과한다. 다만, 법인 또는 개인이 그 위반행위를 방지하기 위하여 해당 업무에 관하여 상당한 주의와 감독을 게을리하지 아니한 경우에는 그러하지 아니하다.

위반행위	근거 법조문	과태료 금액(만원)		
		1차 위반	2차 위반	3차 이상 위반
사. 법 제15조제1항 및 제2항에 따른 정밀 안전진단을 실시하지 않거나 성실하게 수행하지 않은 경우(법 제43조제1항제1호 따라 벌칙을 부과받은 경우는 제외)	법 제46조제1항제1호	1,000	1,200	1,500

3-6

안전점검 및 정밀안전진단 실시 결과의 보고 및 공표
(연구실안전법 제16조)

① 개요

연구주체의 장은 안전점검 또는 정밀안전진단을 실시한 경우 그 결과를 지체 없이 공표하여야 하며, 연구실에 중대한 결함이 있는 경우에는 과학기술정보통신부장관 에게 보고하여야 함

② 결과의 공표

① 안전점검 또는 정밀안전진단 결과를 지체 없이 공표하여야 함

② 과학기술정보통신부장관은 연구주체의 장이 공표한 안전점검 또는 정밀안전진 단 실시 결과를 확인하고 안전점검 또는 정밀안전진단이 적정하게 실시되었는지 를 점검할 수 있음

③ 과학기술정보통신부장관은 연구실 안전환경 및 안전관리 현황 등에 대한 실태 조사 및 안전점검 또는 정밀안전진단 결과 등을 다음의 기준에 따라 검토하여 연구실의 안전관리가 우수한 대학·연구기관등에 대해서는 연구실의 안전 및 유 지·관리에 드는 비용 등을 지원할 수 있음

가. 검토 기준

1) 과학기술정보통신부장관이 고시한 연구실 안전점검지침 및 정밀안전진단지침에 의해 안전 점검 및 정밀안전진단을 적합하게 실시

2) 제1호에 의해 실시한 안전점검 및 정밀안전진단의 종합 등급이 1등급이어야 함

3) 안전관리 조직 체계가 적절하게 구성되어 효율적으로 운영되어야 함

4) 안전관리규정이 적절하게 규정되고 운영되어야 함

5) 연구실 안전 및 유지관리비가 적절하게 계상·운영되어야 함

6) 연구활동종사자에 대해 교육·훈련을 실시하여야 함

7) 기타 과학기술정보통신부장관이 필요하다고 인정한 사항

③ 결과의 보고

① 연구주체의 장은 안전점검 또는 정밀안전진단을 실시한 결과 연구실에 다음과 같은 중대한 결함이 있는 경우에는 그 결함이 있음을 안 날부터 7일 이내에 과학기술정보통신부장관에게 보고하여야 함

■ **"중대한 결함"**이란 다음의 어느 하나에 해당하는 사유로 연구활동종사자의 사망 또는 심각한 신체적 부상이나 질병을 일으킬 우려가 있는 경우를 말함

1) 「화학물질관리법」 제2조제7호에 따른 유해화학물질, 「산업안전보건법」 제104조에 따른 유해인자, 과학기술정보통신부령으로 정하는 독성가스 등 유해·위험물질[25]의 누출 또는 관리 부실

2) 「전기사업법」 제2조제16호에 따른 전기설비[26]의 안전관리 부실

3) 연구활동에 사용되는 유해·위험설비의 부식·균열 또는 파손

4) 연구실 시설물의 구조안전에 영향을 미치는 지반침하·균열·누수 또는 부식

5) 인체에 심각한 위험을 끼칠 수 있는 병원체의 누출

---

25) 본서 제3장 연구실 안전조치 → 3-4 안전점검의 실시 → ③ 저위험연구실 참조

26) 「전기사업법」 제2조【정의】제16호 "전기설비"란 발전·송전·변전·배전·전기공급 또는 전기사용을 위하여 설치하는 기계·기구·댐·수로·저수지·전선로·보안통신선로 및 그 밖의 설비(「댐건설 및 주변지역지원 등에 관한 법률」에 따라 건설되는 댐·저수지와 선박·차량 또는 항공기에 설치되는 것과 그 밖에 대통령령으로 정하는 것은 제외한다)로서 다음 각 목의 것을 말함
가. 전기사업용전기설비
나. 일반용전기설비
다. 자가용전기설비

② 과학기술정보통신부장관은 중대한 결함을 보고받은 경우 이를 즉시 관계 중앙
행정기관의 장 및 지방자치단체의 장에게 통보하고, 연구주체의 장에게 연구실
안전법 제25조【연구실 사용제한 등】에 따른 조치[27]를 요구하여야 함

③ 과학기술정보통신부장관은 보고받은 안전점검 및 정밀안전진단 실시 결과에 관
한 기록을 유지·관리하여야 함

④ 벌칙

위반행위	근거 법조문	과태료 금액(만원)		
		1차 위반	2차 위반	3차 이상 위반
아. 법 제16조제2항을 위반하여 보고를 하지 않거나 거짓으로 보고한 경우	법 제46조제3항제6호	250	300	400

---

27) 다음 중 하나 이상의 조치를 취하여야 함
　　가. 정밀안전진단 실시
　　나. 유해인자의 제거
　　다. 연구실 일부의 사용제한
　　라. 연구실의 사용금지
　　마. 연구실의 철거
　　바. 그 밖에 연구주체의 장 또는 연구활동종사자가 필요하다고 인정하는 안전조치

3-7
안전점검 및 정밀안전진단 대행기관의 등록 등(연구실안전법 제17조)

① 개요

안전점검 및 정밀안전진단을 대행하려는 사람은 과학기술정보통신부장관에게 등록하여야 함

② 안전점검 대행기관 등록요건

① 기술인력: 다음 각 목의 인력을 모두 갖출 것

가. 다음의 어느 하나에 해당하는 사람 1명 이상

1) 「산업안전보건법」 제142조에 따른 산업안전지도사(기계안전·전기안전·화공안전 분야로 한정) 또는 산업보건지도사, 「국가기술자격법」에 따른 가스기술사, 기계안전기술사, 산업위생관리기술사, 소방기술사, 인간공학기술사, 전기안전기술사 또는 화공안전기술사

2) 안전, 기계, 전기, 화공, 소방, 가스, 산업위생, 보건위생 또는 생물 분야의 박사학위 취득 후 안전 업무 경력이 1년 이상인 사람

나. 다음의 분야별로 해당 자격 요건을 충족하는 사람 1명 이상

분야	자격 요건
일반안전, 기계, 전기 및 화공	다음의 어느 하나에 해당하는 사람 ① 「산업안전보건법」 제142조에 따른 산업안전지도사(기계안전·전기안전·화공안전 분야로 한정) ② 산업안전기사 자격 취득 후 안전 업무 경력이 1년 이상인 사람 ③ 산업안전산업기사 자격 취득 후 안전 업무 경력이 3년 이상인 사람
소방	다음의 어느 하나에 해당하는 사람 ① 소방기술사 ② 소방설비기사 자격 취득 후 안전 업무 경력이 1년 이상인 사람 ③ 소방설비산업기사 자격 취득 후 안선 업무 경력이 3년 이상인 사람
가스	다음의 어느 하나에 해당하는 사람 ① 가스기술사 ② 가스기능장 또는 가스기사 자격 취득 후 안전 업무 경력이 1년 이상인 사람 ③ 가스산업기사 자격 취득 후 안전 업무 경력이 3년 이상인 사람
산업위생 및 생물	다음의 어느 하나에 해당하는 사람 ① 「산업안전보건법」 제142조에 따른 산업보건지도사 ② 산업위생관리기술사 ③ 산업위생관리기사 자격 취득 후 안전 업무 경력이 1년 이상인 사람 ④ 산업위생관리산업기사 자격 취득 후 안전 업무 경력이 3년 이상인 사람

② 장비: 다음의 분야별 장비를 모두 갖출 것. 다만, 해당 장비의 기능을 2개 이상 갖춘 복합기능 장비를 갖춘 경우에는 개별 장비를 갖춘 것으로 봄

분야	장비
일반안전, 기계, 전기 및 화공	정전기 전하량 측정기, 접지저항측정기, 절연저항측정기
소방 및 가스	가스누출검출기, 가스농도측정기, 일산화탄소농도측정기
산업위생 및 생물	분진측정기, 소음측정기, 산소농도측정기, 풍속계, 조도계(밝기측정기)

③ **정밀안전진단 대행기관 등록요건**

① 기술인력: 다음 각 목의 인력을 모두 갖출 것

가. 다음의 어느 하나에 해당하는 사람 1명 이상

  1) 「산업안전보건법」 제142조에 따른 산업안전지도사(기계안전·전기안전·화공안전 분야로 한정) 또는 산업보건지도사, 「국가기술자격법」에 따른 가스기술사, 기계안전기술사, 산업위생관리기술사, 소방기술사, 인간공학기술사, 전기안전기술사 또는 화공안전기술사

  2) 안전, 기계, 전기, 화공, 소방, 가스, 산업위생, 보건위생 또는 생물 분야의 박사학위 취득 후 안전 업무 경력이 1년 이상인 사람

나. 다음의 분야별로 해당 자격 요건을 충족하는 사람 1명 이상

분야	자격 요건
일반안전	다음의 어느 하나에 해당하는 사람 ① 산업안전기사 자격 취득 후 안전 업무 경력이 3년 이상인 사람 ② 산업안전산업기사 자격 취득 후 안전 업무 경력이 5년 이상인 사람
기계	다음의 어느 하나에 해당하는 사람 ① 「산업안전보건법」 제142조에 따른 산업안전지도사(기계안전 분야로 한정) ② 기계안전기술사 ③ 일반기계기사 자격 취득 후 안전 업무 경력이 3년 이상인 사람
전기	다음의 어느 하나에 해당하는 사람 ① 「산업안전보건법」 제142조에 따른 산업안전지도사(전기안전 분야로 한정) ② 전기안전기술사 ③ 전기기능장 또는 전기기사 자격 취득 후 안전 업무 경력이 3년 이상인 사람 ④ 전기산업기사 자격 취득 후 안전 업무 경력이 5년 이상인 사람
화공 및 위험물 관리	다음의 어느 하나에 해당하는 사람 ① 「산업안전보건법」 제142조에 따른 산업안전지도사(화공안전 분야로 한정) ② 화공안전기술사 ③ 화공기사 또는 위험물기능장 자격 취득 후 안전 업무 경력이 3년 이상인 사람 ④ 화공산업기사 또는 위험물산업기사 자격 취득 후 안전 업무 경력이 5년 이상인 사람
소방	다음의 어느 하나에 해당하는 사람 ① 소방기술사 ② 소방설비기사 자격 취득 후 안전 업무 경력이 3년 이상인 사람 ③ 소방설비산업기사 자격 취득 후 안전 업무 경력이 5년 이상인 사람

분야	자격 요건
가스	다음의 어느 하나에 해당하는 사람 ① 가스기술사 ② 가스기능장 또는 가스기사 자격 취득 후 안전 업무 경력이 3년 이상인 사람 ③ 가스산업기사 자격 취득 후 안전 업무 경력이 5년 이상인 사람
산업위생 및 생물	다음의 어느 하나에 해당하는 사람 ① 「산업안전보건법」 제142조에 따른 산업보건지도사 ② 산업위생관리기술사 ③ 산업위생관리기사 자격 취득 후 안전 업무 경력이 3년 이상인 사람 ④ 산업위생관리산업기사 자격 취득 후 안전 업무 경력이 5년 이상인 사람

② 장비: 다음의 분야별 장비를 모두 갖출 것. 다만, 해당 장비의 기능을 2개 이상 갖춘 복합기능 장비를 갖춘 경우에는 개별 장비를 갖춘 것으로 봄

분야	장비
일반안전, 기계, 전기 및 화공	정전기 전하량 측정기, 접지저항측정기, 절연저항측정기
소방 및 가스	가스누출검출기, 가스농도측정기, 일산화탄소농도측정기
산업위생 및 생물	분진측정기, 소음측정기, 산소농도측정기, 풍속계, 조도계(밝기측정기)

④ 등록절차

① 안전점검 또는 정밀안전진단 대행기관으로 등록하려는 자는 과학기술정보통신부령으로 정하는 등록신청서[28]에 다음 각 호의 서류를 첨부하여 과학기술정보통신부장관에게 제출

　가. 기술인력 보유 현황

　나. 장비 명세서

② 과학기술정보통신부장관은 등록신청자가 등록요건을 갖추었다고 인정하는 경우에는 과학기술정보통신부령으로 정하는 등록증[29]을 발급하고, 대행기관 등록대장[30]에 그 내용을 기록·관리하여야 함

③ 안전점검 및 정밀안전진단 대행기관이 등록된 사항을 변경하려는 경우에는 변경사유가 발생한 날부터 20일 이내에 과학기술정보통신부령으로 정하는 변경등록신청서[31]에 다음 각 호의 서류를 첨부하여 과학기술정보통신부장관에게 제출하여야 함

　가. 등록증

　나. 변경사항을 증명하는 서류

⑤ 대행기관에 대한 제재[32]

과학기술정보통신부장관은 대행기관으로 등록한 자가 다음의 어느 하나에 해당하는 경우에는 등록취소, 6개월 이내의 업무정지 또는 시정명령을 할 수 있음. 다만, 제1호에 해당하는 경우에는 등록을 취소[33]하여야 함

---

28) 연구실 안전환경 조성에 관한 법률 시행규칙 [별지 제2호서식]
29) 연구실 안전환경 조성에 관한 법률 시행규칙 [별지 제3호서식]
30) 연구실 안전환경 조성에 관한 법률 시행규칙 [별지 제4호서식]
31) 연구실 안전환경 조성에 관한 법률 시행규칙 [별지 제5호서식]
32) 과학기술정보통신부장관은 대행기관에 대하여 필요한 자료의 제출을 명하거나, 관계 공무원으로 하여금 관련 서류나 장비를 조사하게 할 수 있음
33) 과학기술정보통신부장관은 등록을 취소하려면 청문을 하여야 함

① 거짓 또는 그 밖의 부정한 방법으로 등록 또는 변경등록을 한 경우

② 타인에게 대행기관 등록증을 대여한 경우

③ 대행기관의 등록기준에 미달하는 경우

④ 등록사항의 변경이 있는 날부터 6개월 이내에 변경등록을 하지 아니한 경우

⑤ 대행기관이 안전점검지침 또는 정밀안전진단지침을 준수하지 아니한 경우

⑥ 등록된 기술인력이 아닌 자로 안전점검 또는 정밀안전진단을 대행한 경우

⑦ 안전점검 또는 정밀안전진단을 성실하게 대행하지 아니한 경우

⑧ 업무정지 기간에 안전점검 또는 정밀안전진단을 대행한 경우

6 대행기관에 대한 처분기준

① 일반기준

　가. 위반행위가 둘 이상인 경우로서 그에 해당하는 각각의 처분기준이 다른 경우에는 그 중 무거운 처분기준에 따름. 다만, 둘 이상의 처분기준이 모두 업무정지인 경우에는 무거운 처분기준에 나머지 각각의 처분기준의 2분의 1을 더하여 처분하되, 그 더한 기간은 6개월을 초과할 수 없음

　나. 위반행위의 횟수에 따른 행정처분 기준은 최근 3년간 같은 위반행위로 행정처분을 받은 경우에 적용. 이 경우 기간의 계산은 위반행위에 대하여 행정처분을 받은 날과 그 처분 후 다시 같은 위반행위를 하여 적발된 날을 기준으로 함

　다. 나목에 따라 가중된 부과처분을 하는 경우 가중처분의 적용 차수는 그 위반행위 전 부과처분 차수(나목에 따른 기간 내에 행정처분이 둘 이상 있었던 경우에는 높은 차수를 말함)의 다음 차수로 함

　라. 가목에 따라 행정처분을 한 뒤에 새로운 위반행위에 대하여 행정처분을 하게 되는 경우 그 위반행위의 횟수에 따른 행정처분 기준은 종전의 가목에 따른 행정처분의 사유가 된 각각의 위반행위에 대하여 각각 행정처분을 했던 것으로 보아 적용함

　마. 과학기술정보통신부장관은 그 처분기준이 업무정지인 경우로서 다음의 가중 사유 또는 감경 사유에 해당하는 경우에는 그 처분기준의 2분의 1 범위에서 가중(가중한 업무정지기간은 6개

월을 초과할 수 없음)하거나 감경할 수 있음

1) 가중 사유

- 위반행위가 고의나 중대한 과실에 의한 것으로 인정되는 경우

- 위반의 내용·정도가 중대하여 연구실 안전에 미치는 피해가 크다고 인정되는 경우

2) 감경 사유

- 위반행위가 사소한 부주의나 오류로 인한 것으로 인정되는 경우

- 위반의 내용·정도가 경미하여 연구실 안전에 미치는 영향이 적다고 인정되는 경우

- 위반행위자가 처음 해당 위반행위를 한 경우로서 3년 이상 안전점검 및 정밀안전진단 대행
  기관 업무를 모범적으로 해 온 사실이 인정되는 경우

- 그 밖에 안전점검 및 정밀안전진단 대행기관에 대한 정부 정책상 필요하다고 인정되는 경우

비. 업무정지 1개월은 30일을 기준으로 함

사. 행정처분의 기간이 소수점 이하로 산출되는 경우 소수점 이하는 버림

② 개별기준

위반행위	근거 법조문	행정처분기준			
		1차 위반	2차 위반	3차 위반	4차 이상 위반
가. 거짓 또는 그 밖의 부정한 방법으로 등록 또는 변경등록을 한 경우	법 제17조제4항제1호	등록취소			
나. 타인에게 대행기관 등록증을 대여한 경우	법 제17조제4항제2호	업무정지 3개월	업무정지 6개월	등록취소	
다. 대행기관의 등록기준에 미달하는 경우	법 제17조제4항제3호	업무정지 3개월	업무정지 6개월	등록취소	
라. 등록사항의 변경이 있는 날부터 6개월 이내에 변경등록을 하지 않은 경우	법 제17조제4항제4호	시정명령	업무정지 3개월	업무정지 6개월	등록취소

위반행위	근거 법조문	행정처분기준			
		1차 위반	2차 위반	3차 위반	4차 이상 위반
마. 안전점검지침 및 정밀안전진단지침을 준수하지 않은 경우	법 제17조제4항제5호	시정명령	업무정지 3개월	업무정지 6개월	등록취소
바. 등록된 기술인력이 아닌 자로 안전점검 또는 정밀안전진단을 대행한 경우	법 제17조제4항제6호	업무정지 3개월	업무정지 6개월	등록취소	
사. 안전점검 및 정밀안전진단을 성실하게 대행하지 않은 경우	법 제17조제4항제7호	시정명령	업무정지 3개월	업무정지 6개월	등록취소
아. 업무정지 기간에 안전점검 및 정밀안전진단을 대행한 경우	법 제17조제4항제8호	업무정지 6개월	등록취소		

☑ 대행기관 기술인력에 대한 교육

① 대행기관을 운영하는 사람은 등록된 기술인력으로 하여금 권역별연구안전지원센터에서 실시하는 다음의 구분에 따른 교육을 받도록 하여야 함

　가. 신규교육: 기술인력이 등록된 날부터 6개월 이내에 받아야 하는 교육

　나. 보수교육: 기술인력이 제1호에 따른 신규교육을 이수한 날을 기준으로 2년마다 받아야 하는 교육. 이 경우 매 2년이 되는 날을 기준으로 전후 6개월 이내에 보수교육을 받도록 하여야 함

② 교육의 시간 및 내용

구분	교육 시기·주기	교육시간	교육내용
신규교육	등록 후 6개월 이내	18시간 이상	·연구실 안전환경 조성 관련 법령에 관한 사항 ·연구실 안전 관련 제도 및 정책에 관한 사항 ·연구실 유해인자에 관한 사항 ·주요 위험요인별 안전점검 및 정밀안전진단 내용에 관한 사항 ·유해인자별 노출도 평가, 사전유해인자위험 분석에 관한 사항 ·연구실사고 사례, 사고 예방 및 대처에 관한 사항 ·기술인력의 직무윤리에 관한 사항 ·그 밖에 직무능력 향상을 위해 필요한 사항
보수교육	신규교육 이수 후 매 2년이 되는 날을 기준으로 전후 6개월 이내	12시간 이상	·연구실 안전환경 조성 관련 법령에 관한 사항 ·연구실 안전 관련 제도 및 정책에 관한 사항 ·연구실 유해인자에 관한 사항 ·주요 위험요인별 안전점검 및 정밀안전진단 내용에 관한 사항 ·유해인자별 노출도 평가, 사전유해인자위험 분석에 관한 사항 ·연구실사고 사례, 사고 예방 및 대처에 관한 사항 ·기술인력의 직무윤리에 관한 사항 ·그 밖에 직무능력 향상을 위해 필요한 사항

⑧ 벌칙

위반행위	근거 법조문	과태료 금액(만원)		
		1차 위반	2차 위반	3차 이상 위반
자. 법 제17조제1항을 위반하여 안전점검 및 정밀안전진단 대행기관으로 등록 하지 않고 안전점검 및 정밀안전진단 을 실시한 경우	법 제46조제3항제7호	250	300	400

3-8
사전유해인자위험분석의 실시(연구실안전법 제19조)

① 개요

연구실책임자는 연구활동 시작 전에 해당 연구실의 유해인자를 조사·발굴하고 사
고 예방 등을 위하여 필요한 대책을 수립·실행하는 사전유해인자위험분석을 실시
하고, 그 결과를 연구주체의 장에게 보고하여야 함

② 실시시기

연구개발활동 시작 전에 실시하며, 연구개발활동과 관련된 주요 변경사항 발생 또
는 연구실책임자가 필요하다고 인정할 경우 추가적으로 실시

③ 실시절차

사전유해인자위험분석을 실시할 때에는 다음의 과정으로 이루어지도록 실시
① 1단계: 연구실 안전현황 분석
② 2단계: 연구개발활동별 유해인자 위험분석
③ 3단계: 연구실 안전계획 수립
④ 4단계: 비상조치계획 수립

④ 절차별 세부사항

① 연구실 안전현황 분석

가. 연구실책임자는 다음의 자료 및 정보의 전부 또는 일부를 활용하여 연구실 안전현황을 분석하고 연구실 안전현황표[34]를 작성하여야 함

1) 기계·기구·설비 등의 사양서

2) 물질안전보건자료(MSDS)

3) 연구·실험·실습 등의 연구내용, 방법(기계기구 등 사용법 포함), 사용되는 물질 등에 관한 정보

4) 안전 확보를 위해 필요한 보호구 및 안전설비에 관한 정보

5) 그 밖에 사전유해인자위험분석에 참고가 되는 자료 등

② 연구개발활동별 유해인자 위험분석

가. ① 연구실 안전현황 분석에 따라 파악한 해당 연구실의 연구개발활동별(실험·실습/연구과제별) 유해인자에 대해 위험분석을 실시하고, 그 결과를 연구개발활동별 유해인자 위험분석 보고서[35]에 작성하여야 함

나. ① 연구실 안전현황 분석에 따라 파악한 해당 연구실의 유해인자를 포함한 연구(실험·실습/연구과제별)에 대해 연구개발활동안전분석(Research & Development Safety Analysis, R&DSA)을 실시하고, 그 결과를 연구개발활동안전분석(R&DSA) 보고서[36]에 작성하여야 함

③ 연구실 안전계획

연구개발활동별 유해인자 위험분석 실시 후 유해인자에 대한 안전한 취급 및 보관 등을 위한 조치, 폐기방법, 안전설비 및 개인보호구 활용 방안 등을 연구실 안전계획에 포함시켜야 함

---

34) 과학기술정보통신부고시 「연구실 사전유해인자위험분석 실시에 관한 지침」 [별지 제1호서식]
35) 과학기술정보통신부고시 「연구실 사전유해인자위험분석 실시에 관한 지침」 [별지 제2호서식]
36) 과학기술정보통신부고시 「연구실 사전유해인자위험분석 실시에 관한 지침」 [별지 제3호서식]

④ 비상조치계획

화재, 누출, 폭발 등의 비상사태가 발생했을 경우에 대한 대응 방법, 처리 절차 등을 비상조치계획에 포함시켜야 함

⑤ 보고서 관리

① 연구주체의 장은 연구실책임자가 작성한 사전유해인자위험분석 보고서를 종합하여 확인 후 이를 체계적으로 관리할 수 있도록 사전유해인자위험분석 보고서 관리대장[37]에 따라 문서번호를 부여하여 관리·보관하고, 사고발생 시 보고서 중 유해인자의 위치가 표시된 배치도 등 필요한 부분에 대해 사고대응기관에 즉시 제공하여야 함

② 연구실책임자는 사전유해인자위험분석 보고서를 연구실 출입문 등 해당 연구실의 연구활동종사자가 쉽게 볼 수 있는 장소에 게시할 수 있음

참고 5 | 연구실 안전현황표

■ 연구실 사전유해인자위험분석 실시에 관한 지침 [별지 제1호서식]

연구실 안전현황표[1]

(보존기간 : 연구종료일부터 3년)

기관명			구 분	☐ 대 학 ☐ 기업부설(연)	☐ 연구 기관 ☐ 기 타

연구실 개요	연구실명[2]				
	연구실 위치	동 층 호			
	연구 분야 (복수선택 가능)	☐ 화 학 / 화 공 ☐ 기 계 / 물 리 ☐ 전 기 / 전 자 ☐ 의 학 / 생 물		☐ 건 축 / 환 경 ☐ 에너지 / 자 원 ☐ 기 타	
	연구실책임자명		연락처 (e-mail 포함)		
	연구실안전관리 담당자명		연락처 (e-mail 포함)		

비상연락처[3]	연구실안전환경관리자 : 병원 : 사고처리기관(소방서 등) : 기타 :

연구실 수행 연구개발활동명[4] (실험/연구과제명)	1. 2. :

연구활동종사자 현황	연 번	이 름 (성별 표시)	직 위[5] (교수/연구원/학생 등)

주요 기자재 현황	연 번	기자재명 (연구기구·기계·장비)	규 격 (수량)	활용 용도	비 고

연구실 유해인자

화학물질[6]	- 보유 물질 -	
	☐ 폭발성 물질 ☐ 물 반응성 물질 ☐ 발화성 물질 ☐ 금속부식성 물질	☐ 인화성 물질 ☐ 산화성 물질 ☐ 자기반응성 물질 ☐ 유기과산화물
가 스[7]	- 보유 물질 -	
	☐ 가연성(또는 인화성)가스 ☐ 산화성가스 ☐ 독성가스 ☐ 기 타 (가스명 :	☐ 압축가스 ☐ 액화가스 ☐ 고압가스)
생물체	- 보유 생물체-	
	☐ 고위험병원체 ☐ 고위험병원체를 제외한 제3 위험군 ☐ 고위험병원체를 제외한 제4 위험군 ☐ 유전자변형생물체 (미생물, 동물, 식물 포함)	
물리적 유해인자	☐ 소음 ☐ 진동 ☐ 방사선 ☐ 이상기온 ☐ 이상기압 ☐ 분진 ☐ 전기 ☐ 레이저 ☐ 위험기계·기구 ☐ 기 타 ( )	
24시간 가동여부	☐ 가동 ☐ 미가동	정전 시 비상 발전설 비 등 보유 여부 ☐ 보유 ☐ 미보유

개인보호구 현황 및 수량[8]

보안경/고글/보안면	안전화/내화학장화/절연장화	귀마개/귀덮개
레이저 보안경	안전장갑	실험실 가운
안전모/머리커버	방진/방독/송기마스크	보호복
기타		

안전장비 및 설비 보유현황

☐ 세안설비(Eye washer)	☐ 비상샤워시설	☐ 흄후드	☐ 국소배기장치
☐ 가스누출경보장치	☐ 자동차단밸브(AVS)	☐ 중화제독장치(Scrubber)	☐ 가스실린더캐비넷
☐ 케미컬누출대응킷	☐ 유(油)흡착포	☐ 안전폐액통	☐ 레이저 방호장치
☐ 시약보관캐비넷	☐ 글러브 박스	☐ 불산치료제(CGG)	☐ 소화기
☐ 기타 ( )			

연구실 배치현황[9]

배치도	주요 유해인자 위험설비 사진	
<전 체>	<해당사진>	<해당사진>
	<해당사진>	<해당사진>

1) 해당 연구실에 전반에 대한 기본적인 내용(연구실 개요, 수행 연구개발활동명, 연구활동종사자 현황, 주요 기자재 현황, 연구실 유해인자, 개인보호구 현황 및 수량, 연구실 배치 현황)을 작성
   ※ 연구실안전현황은 연구실당 1개만 작성하는 것이며, 연구/실험/실습별 개별로 작성사항은 아님

2) 첫째 줄은 연구실 명을 작성하고 두 번째 줄은 단과대학명/학과명/부서명/팀명 등 연구실 소속을 작성

3) 사고발생 시 조치를 위한 내부 및 외부 기관 연락처를 작성(사고처리 기관 및 병원 등)

4) 해당 연구실에서 고시 시행 이후 시작된 연구명(실험명/프로젝트명) 전체를 각각 작성

5) 직위는 교수, 연구원(책임연구원, 선임연구원, 연구원, 파견연구원 등), 학생(대학원생, 학부생 등) 구분하여 작성

6) 연구실내에 보유하고 있는 모든 화학물질 종류를 표기(중복으로 표기 가능)
   ※ 폭발성 물질 : 자체의 화학반응에 따라 주위환경에 손상을 줄 수 있는 정도의 온도·압력 및 속도를 가진 가스를 발생시키는 물질
   ※ 인화성 물질 : -20 °C, 표준압력(101.3㎪)에서 공기와 혼합하여 인화되는 범위에 있는 물질
   ※ 물 반응성 물질 : 물과 상호작용을 하여 자연발화되거나 인화성가스를 발생시키는 물질
   ※ 산화성 물질 : 그 자체로는 연소하지 않더라도 일반적으로 산소를 발생시켜 다른 물질을 연소시키거나 연소를 촉진하는 물질
   ※ 자기반응성물질 : 열적인 면에서 불안정하여 산소가 공급되지 않아도 강렬하게 발열·분해하기 쉬운 물질
   ※ 발화성물질 : 적은 양으로도 공기와 접촉하여 5분 안에 발화할 수 있거나 주위의 에너지 공급 없이 공기와 반응하여 스스로 발열하는 물질
   ※ 유기과산화물 : -2가의 –O-O- 구조를 가지고 1개 또는 2개의 수소원자가 유기라디칼에 의하여 치환된 과산화수소의 유도체를 포함한 액체 또는 고체 유기물질
   ※ 금속부식성물질 : 화학적인 작용으로 금속에 손상 또는 부식을 일으키는 물질

7) 연구실내에서 사용 및 설치되어 있는 모든 가스에 대하여 작성
   ※ 가연성가스 : 공기 중에서 연소하는 가스로서 폭발한계(공기와 혼합된 경우 연소를 일으킬 수 있는 공기 중의 가스 농도의 한계를 말한다. 이하 같다)의 하한이 10퍼센트 이하인 것과 폭발한계의 상한과 하한의 차가 20퍼센트 이상인 가스

가연성가스 종류	아크릴로니트릴·아크릴알데히드·아세트알데히드·아세틸렌·암모니아·수소·황화수소·시안화수소·일산화탄소·이황화탄소·메탄·염화메탄·브롬화메탄·에탄·염화에탄·염화비닐·에틸렌·산화에틸렌·프로판·시클로프로판·프로필렌·산화프로필렌·부탄·부타디엔·부틸렌·메틸에테르·모노메틸아민·디메틸아민·트리메틸아민·에틸아민·벤젠·에틸벤젠 등

   ※ 인화성가스 : 20℃, 표준압력(101.3㎪)에서 공기와 혼합하여 인화되는 범위에 있는 가스와 공기 중에서 자연발화하는 가스, 20℃, 표준압력 101.3㎪에서 화학적으로 불안정한 가스를 말함
   ※ 압축가스 : 가압하여 용기에 충전했을 때, -50℃에서 완전히 가스상인 가스(임계온도 –50℃ 이하의 모든 가스를 포함)
   ※ 산화성가스 : 일반적으로 산소를 공급함으로써 공기와 비교하여 다른 물질의 연소를 더 잘 일으키거나 연소를 돕는 가스
   ※ 액화가스 : 가압하여 용기에 충전했을 때, -50℃ 초과 온도에서 부분적으로 액체인 가스로, 고압액화가스(임계온도가 –50℃에서 +65℃인 가스), 저압액화가스(임계온도가 +65℃를 초과하는 가스)로 구분됨
   ※ 독성가스 : 공기 중에 일정량 이상 존재하는 경우 인체에 유해한 독성을 가진 가스로서 허용농도(해당 가스를 성숙한 흰쥐 집단에게 대기 중에서 1시간 동안 계속하여 노출시킨 경우 14일 이내에 그 흰쥐의 2분의 1 이상이 죽게 되는 가스의 농도를 말한다. 이하 같다)가 100만분의 5000 이하인 가스

독성가스 종류	아크릴로니트릴·아크릴알데히드·아황산가스·암모니아·일산화탄소·이황화탄소·불소·염소·브롬화메탄·염화메탄·염화프렌·산화에틸렌·시안화수소·황화수소·모노메틸아민·디메틸아민·트리메틸아민·벤젠·포스겐·요오드화수소·브롬화수소·염화수소·불화수소·겨자가스·알진·모노실란·디실란·디보레인·세렌화수소·포스핀·모노게르만 등

   ※ 고압가스 : 20℃, 200㎪이상의 압력 하에서 용기에 충전되어 있는 가스 또는 냉동액화가스 형태로 용기에 충전되어 있는 가스(압축가스, 액화가스, 냉동액화가스, 용해가스로 구분한다)

8) 연구실내에 보유하고 있는 개인보호구의 수량에 대하여 작성

9) 연구실 배치도를 서식에 붙여 넣었을 때 너무 작아 배치도 구분이 어렵다면, 따로 A4크기로 첨부하여 같이 게시

참고 6 | 연구개발활동별 유해인자 위험분석 보고서

■ 연구실 사전유해인자위험분석 실시에 관한 지침 [별지 제2호서식]

연구개발활동별(실험·실습/연구과제별) 유해인자 위험분석 보고서[1]

(보존기간 : 연구종료일부터 3년)

연구명 (실험·실습/연구과제명)		연구기간 (실험·실습/연구과제)	
연구(실험·실습/연구과제) 주요 내용			
연구활동종사자[2]			

유해인자	유해인자 기본정보[3]					
	CAS NO[4] 물질명	보유수량 (제조연도)	GHS등급[5] (위험, 경고)	화학물질의 유 별 및 성질[6] (1~6류)	위험 분석	필요 보호구[7]
1) 화학물질	①					
	②					
	③					
2) 가 스	가스명	보유수량		가스종류 (특정, 독성, 가연성, 고압, 액화 및 압축 등)	위험 분석	필요 보호구[7]
	①					
	②					
	③					
3) 생물체[8] (고위험병원체 및 제3,4위험군)	생물체명	고위험병원체 해당 여부		위험군 분류	위험 분석	필요 보호구[7]
	①					
	②					
	③					
4) 물리적 유해인자[9]	기구명	유해인자종류		크기[10]	위험 분석	필요 보호구[7]
	①					
	②					
	③					

1) 연구실내에서 수행하는 모든 실험(실험.실습, 연구과제 포함)에 대하여 각각 작성

2) 해당 연구활동을 수행하는 연구활동종사자의 이름을 작성. 단, 학부 실험 등 대규모 인원이 실험을 수행 또는 참여하는 경우 연구활동종사자 인원수 및 실험 시간만 작성

3) 해당 연구활동에서 사용하는 화학물질, 가스, 생물체, 물리적 유해인자 등을 작성

4) CAS No.(Chemical Abstract Service Resister Number, 화학물질에 부여된 고유번호)는 제조·공급업체에서 제공하는 정보를 참고하여 작성

5) 「화학물질의 분류 및 표시 등에 관한 규정」을 참고하여 GHS그림문자 및 신호어(위험, 경고 등)를 작성

6) 화학물질의 유별 및 성질
   ※ 「위험물안전관리법」 시행령 별표1(위험물 및 지정수량)을 따라 화학물질의 유별(1류~6류) 및 성질(산화성고체, 가연성고체, 자연발화성물질 및 금수성물질 등)을 구분하여 작성

화학물질의 유별 및 성질						
유별	제1류	제2류	제3류	제4류	제5류	제6류
성질	산화성고체	가연성고체	자연발화성물질 및 물 반응성 물질	인화성액체	자기 반응성물질	산화성액체

7) 필요보호구는 '연구실 안전현황 분석표(별지 제1호서식)'에서 작성한 개인보호구 현황을 참고하여 작성

8) 생물체란 미생물 및 동물 등을 포함하는 명칭으로 유전자변형생물체 등을 모두 포함한다.
   ※ 서식에 작성 시 제3,4위험군의 경우 고위험 병원체를 제외한 위험군만 작성
   ※ 고위험병원체란 생물테러의 목적으로 이용되거나 사고 등에 의하여 외부에 유출될 경우 국민 건강에 심각한 위험을 초래할 수 있는 감염병병원체로서 「감염병의 예방 및 관리에 관한 법률」 시행규칙 별표1과 같다.
   ※ 생물체의 위험군 분류는 인체 및 환경에 미치는 위해 정도에 따라 다음의 네가지 위험군으로 분류하며, 위험군별 해당 생물체 목록은 「유전자재조합실험지침」 별표2와 같다.

위험군 분류	분류 기준
제1위험군	연구활동종사자에게 질병을 일으키지 아니하며, 환경에 방출되더라도 위해를 일으키지 않는 생물체
제2위험군	연구활동종사자에게 감염되었을 경우 증세가 심각하지 않고 예방 또는 치료가 용이하며, 환경에 방출되더라도 위해가 경미하고 치유가 용이한 생물체
제3위험군	연구활동종사자에게 감염되었을 경우 증세가 심각할 수 있으나 예방 또는 치료가 가능하며, 환경에 방출되었을 경우 위해가 상당할 수 있으나 치유가 가능한 생물체
제4위험군	연구활동종사자에게 감염되었을 경우 증세가 매우 치명적이고 예방 또는 치료가 어려우며, 환경에 방출되었을 경우 위해가 막대하고 치유가 곤란한 생물체

9) 물리적 유해인자
   ※ 산업안전보건법 시행규칙 제81조제1항 별표11의2(소음, 진동, 방사선, 이상기압, 이상기온의 기준)
   • 소음: 소음성난청을 유발할 수 있는 85데시벨(A) 이상의 시끄러운 소리
   • 진동: 착암기, 핸드 해머 등의 공구를 사용함으로써 발생되는 백립병·레이노 현상·말초순환장애 등의 국소진동 및 차량 등을 이용함으로써 발생되는 관절통·디스크·소화장애 등의 전신 진동
   • 방사선: 직접·간접으로 공기 또는 세포를 전리하는 능력을 가진 알파선·베타선·감마선·엑스선·중성자선 등의 전자선
   • 이상기압: 게이지 압력이 제곱센티미터당 1킬로그램 초과 또는 미만인 기압
   • 이상기온: 고열·한랭·다습으로 인하여 열사병·동상·피부질환 등을 일으킬 수 있는 기온
   • 분진: 대기 중에 부유하거나 비산강하(飛散降下)하는 미세한 고체상의 입자상 물질
   ※ 전기, 레이저, 위험기계.기구(산업안전보건법 시행령 제28조의 6(안전검사 대상 유해.위험기계 등) 12종, 조립에 의한 기계.기구(설비 및 장비 포함) 등도 물리적 유해인자에 포함

10) 물리적 유해인자에 대한 측정값 또는 제품 인증서 또는 설명서에 기재되어 있는 물리적 인자값 작성

참고 7 | 연구개발활동안전분석(R&DSA) 보고서

■ 연구실 사전유해인자위험분석 실시에 관한 지침 [별지 제3호서식]

연구개발활동안전분석(R&DSA) 보고서

(보존기간 : 연구종료일부터 3년)

연구목적 :

순서	연구·실험 절차	위험분석	안전계획	비상조치계획
1				
2				
3				
4				
5				
6				
7				
8				
9				
10				

참고 8 ┃ 사전유해인자위험분석 보고서 관리대장

■ 연구실 사전유해인자위험분석 실시에 관한 지침 [별지 제4호서식]

사전유해인자위험분석 보고서 관리대장

(보존기간 : 연구종료일부터 3년)

문서 번호	접수일	연구실명	연구실책임자		연구개발활동명 (연구기간)	주요변경사항*	조치 내용** (조치 완료일)
			성명	직위			

* 사전유해인자위험분석 보고서중 변경사항에 대하여 간략하게 작성
** 사전유해인자위험분석 결과중 개선이 필요한 사항에 대하여 개선이 실시되었는지 여부에 대하여 작성
  - 개선사항을 간단히 작성

3-9

교육·훈련(연구실안전법 제20조)

① 개요

연구주체의 장은 연구실의 안전관리에 관한 정보를 연구활동종사자에게 제공하여야 하며, 연구활동종사자에 대하여 연구실사고 예방 및 대응에 필요한 교육·훈련을 실시하여야 함

② 교육·훈련 담당자

연구주체의 장은 다음의 어느 하나에 해당하는 사람으로 하여금 교육·훈련을 담당하도록 하여야 함

① 안전점검 실시자의 인적 자격 요건 중 어느 하나에 해당하는 사람으로서 해당 기관의 정기점검 또는 특별안전점검을 실시한 경험이 있는 사람. 다만, 연구활동종사자는 제외

② 대학의 조교수 이상으로서 안전에 관한 경험과 학식이 풍부한 사람

③ 연구실책임자

④ 연구실안전환경관리자

⑤ 권역별연구안전지원센터에서 실시하는 전문강사 양성 교육·훈련을 이수한 사람

③ **교육·훈련의 종류**

① 연구실안전환경관리자

구분	내용
신규교육	연구실환경관리자가 지정된 날부터 6개월 이내에 받아야 하는 교육
보수교육	연구실안전환경관리자가 제1호에 따른 신규교육을 이수한 날을 기준으로 2년마다 받아야 하는 교육. 이 경우 매 2년이 되는 날을 기준으로 전후 6개월 이내에 보수교육을 받도록 하여야 함

② 연구활동종사자

구분	내용
신규 교육·훈련	연구활동에 신규로 참여하는 연구활동종사자에게 실시하는 교육·훈련
정기 교육·훈련	연구활동에 참여하고 있는 연구활동종사자에게 과학기술정보통신부령으로 정하는 주기에 따라 실시하는 교육·훈련
특별안전 교육·훈련	연구실사고가 발생했거나 발생할 우려가 있다고 연구주체의 장이 인정하는 경우 연구실의 연구활동종사자에게 실시하는 교육·훈련

④ 교육·훈련의 시간 및 내용

① 연구실안전환경관리자 교육·훈련

구분	교육시기·주기	교육시간	교육내용
신규교육	연구실안전환경 관리자로 지정된 후 6개월 이내	18시간 이상	· 연구실 안전환경 조성 관련 법령에 관한 사항 · 연구실 안전 관련 제도 및 정책에 관한 사항 · 안전관리 계획 수립·시행에 관한 사항 · 연구실 안전교육에 관한 사항 · 연구실 유해인자에 관한 사항
보수교육	신규교육을 이수한 후 매 2년이 되는 날을 기준으로 전후 6개월 이내	12시간 이상	· 안전점검 및 정밀안전진단에 관한 사항 · 연구활동종사자 보험에 관한 사항 · 안전 및 유지·관리비 계상 및 사용에 관한 사항 · 연구실사고 사례, 사고 예방 및 대처에 관한 사항 · 연구실 안전환경 개선에 관한 사항 · 물질안전보건자료에 관한 사항 · 그 밖에 연구실 안전관리에 관한 사항 · 연구실 안전환경 조성 관련 법령에 관한 사항 · 연구실 안전 관련 제도 및 정책에 관한 사항 · 안전관리 계획 수립·시행에 관한 사항 · 연구실 안전교육에 관한 사항 · 연구실 유해인자에 관한 사항 · 안전점검 및 정밀안전진단에 관한 사항 · 연구활동종사자 보험에 관한 사항 · 안전 및 유지·관리비 계상 및 사용에 관한 사항 · 연구실사고 사례, 사고 예방 및 대처에 관한 사항 · 연구실 안전환경 개선에 관한 사항 · 물질안전보건자료에 관한 사항 · 그 밖에 연구실 안전관리에 관한 사항

※ 권역별연구안전지원센터에서 위 교육을 이수하고, 교육 이수 후 수료증을 발급받은 사람에 대해서만 전문 교육을 이수한 것으로 봄

② 연구활동종사자 교육·훈련

구분	교육대상		교육시간 (교육시기)	교육내용
신규 교육·훈련	근로자	가. 정밀안전진단 대상 연구실38)에 신규로 채용된 연구활동종사사	8시간 이상 (채용 후 6개월 이내)	· 연구실 안전환경 조성 관련 법령에 관한 사항 · 연구실 유해인자에 관한 사항 · 보호장비 및 안전장치 취급과 사용에 관한 사항 · 연구실사고 사례, 사고 예방 및 대처에 관한 사항 · 안전표지에 관한 사항 · 물질안전보건자료에 관한 사항 · 사전유해인자위험분석에 관한 사항 · 그 밖에 연구실 안전관리에 관한 사항
		나. 정밀안전진단 대상 연구실이 아닌 연구실에 신규로 채용된 연구활동종사자	4시간 이상 (채용 후 6개월 이내)	
	근로자가 아닌 사람	다. 대학생, 대학원생 등 연구활동에 참여하는 연구활동종사자	2시간 이상 (연구활동 참여 후 3개월 이내)	
정기 교육·훈련	가. 저위험연구실39)의 연구활동종사자		연간 3시간 이상	· 연구실 안전환경 조성 관련 법령에 관한 사항 · 연구실 유해인자에 관한 사항 · 안전한 연구활동에 관한 사항 · 물질안전보건자료에 관한 사항 · 사전유해인자위험분석에 관한 사항 · 그 밖에 연구실 안전관리에 관한 사항
	나. 정밀안전진단 대상 연구실의 연구활동종사자		반기별 6시간 이상	
	다. 가목 및 나목에서 규정한 연구실이 아닌 연구실의 연구활동종사자		반기별 3시간 이상	
특별안전 교육·훈련	연구실사고가 발생했거나 발생할 우려가 있다고 연구주체의 장이 인정하는 연구실의 연구활동종사자		2시간 이상	· 연구실 유해인자에 관한 사항 · 안전한 연구활동에 관한 사항 · 물질안전보건자료에 관한 사항 · 그 밖에 연구실 안전관리에 관한 사항

---

38) 본서 제3장 연구실 안전조치 → 3-5 정밀안전진단의 실시 → ⓑ 정밀안전진단 대상 및 실시시기 → 제②항 참조
39) 본서 제3장 연구실 안전조치 → 3-4 안전점검의 실시 → ③ 저위험연구실 참조

※ 비고

1. 제1호에서 "근로자"란 「근로기준법」 제2조제1항제1호에 따른 근로자를 말함

2. 연구주체의 장은 제1호에 따른 신규 교육·훈련을 받은 사람에 대해서는 해당 반기 또는 연도(저위험연구실에 종사하는 연구활동종사자로 한정)의 정기 교육·훈련을 면제할 수 있음

3. 제2호에 따른 정기 교육·훈련은 사이버교육의 형태로 실시할 수 있음. 이 경우 평가를 실시하여 100점을 만점으로 60점 이상 득점한 사람에 대해서만 교육을 이수한 것으로 인정

⑤ 벌칙

위반행위	근거 법조문	과태료 금액(만원)		
		1차 위반	2차 위반	3차 이상 위반
차. 법 제20조제2항을 위반하여 교육·훈련을 실시하지 않은 경우	법 제46조제2항제2호	500	600	800
카. 법 제20조제3항을 위반하여 연구실안전환경관리자가 전문교육을 이수하도록 하지 않은 경우	법 제46조제3항제8호	250	300	400

3-10

건강검진(연구실안전법 제21조)

① 개요

연구주체의 장은 유해인자에 노출될 위험성이 있는 연구활동종사자에 대하여 정기적으로 건강검진을 실시하여야 하며, 과학기술정보통신부장관은 연구활동종사자의 건강을 보호하기 위하여 필요하다고 인정할 때에는 연구주체의 장에게 특정 연구활동종사자에 대한 임시건강검진의 실시나 연구장소의 변경, 연구시간의 단축 등 필요한 조치를 명할 수 있음

② 건강검진의 종류

연구활동종사자에 적용되는 건강검진의 종류는 다음과 같음
① 일반건강검진
② 특수건강검진
③ 임시건강검진

③ 일반건강검진

① 다음의 유해인자를 취급하는 연구활동종사자에 대하여 일반건강검진을 실시하여야 함

유해인자	실시기관	실시주기	검사항목
1. 「산업안전보건법 시행령」 제87조에 따른 유해물질[40] 2. 「산업안전보건법 시행규칙」 별표22에 따른 유해인자[41]	1. 「국민건강보험법」에 따른 건강검진기관 2. 「산업안전보건법」에 따른 특수건강진단기관	1년에 1회 이상	1. 문진과 진찰 2. 혈압, 혈액 및 소변 검사 3. 신장, 체중, 시력 및 청력 측정 4. 흉부방사선 촬영

② 다음의 어느 하나에 해당하는 검진, 검사 또는 진단을 받은 경우에는 일반건강검진을 받은 것으로 인정

　　가. 「국민건강보험법」에 따른 일반건강검진

　　나. 「학교보건법」에 따른 건강검사

---

40) 산업안전보건법 제87조【제조 등이 금지되는 유해물질】
　　1. β-나프틸아민[91-59-8]과 그 염(β-Naphthylamine and its salts)
　　2. 4-니트로디페닐[92-93-3]과 그 염(4-Nitrodiphenyl and its salts)
　　3. 백연[1319-46-6]을 포함한 페인트(포함된 중량의 비율이 2퍼센트 이하인 것은 제외)
　　4. 벤젠[71-43-2]을 포함하는 고무풀(포함된 중량의 비율이 5퍼센트 이하인 것은 제외)
　　5. 석면(Asbestos; 1332-21-4 등)
　　6. 폴리클로리네이티드 터페닐(Polychlorinated terphenyls; 61788-33-8 등)
　　7. 황린(黃燐)[12185-10-3] 성냥(Yellow phosphorus match)
　　8. 제1호, 제2호, 제5호 또는 제6호에 해당하는 물질을 포함한 혼합물(포함된 중량의 비율이 1퍼센트 이하인 것은 제외)
　　9. 「화학물질관리법」 제2조제5호에 따른 금지물질(같은 법 제3조제1항제1호부터 제12호까지의 규정에 해당하는 화학물질은 제외)
　　10. 석면의 중량이 제품 중량의 1퍼센트를 초과하는 석면함유제품
41) 산업안전보건법 시행규칙 [별표22] 특수건강진단 대상 유해인자
　　1. 화학적인자
　　　가. 유기화합물(109종)
　　　나. 금속류(20종)
　　　다. 산 및 알카리류(8종)
　　　라. 가스 상태 물질류(14종)
　　　마. 허가 대상 유해물질(12종 등)
　　　바. 금속가공유
　　2. 분진(7종)
　　3. 물리적 인자(8종)
　　4. 야간작업(2종)

다. 「산업안전보건법 시행규칙」 제198조제1항에서 정한 일반건강진단의 검사항목42)을 모두 포함
하여 실시한 건강진단

④ 특수건강검진

① 다음의 유해인자를 취급하는 연구활동종사자에 대하여 특수건강검진을 실시하
여야 함

유해인자	실시기관
「산업안전보건법 시행규칙」 별표22에 따른 유해인자	「산업안전보건법」에 따른 특수건강진단기관

---

42) 일반건강진단 제1차 검사항목
　1. 과거병력, 작업경력 및 자각·타각증상(시진·촉진·청진 및 문진)
　2. 혈압·혈당·요당·요단백 및 빈혈검사
　3. 체중·시력 및 청력
　4. 흉부방사선 촬영
　5. AST(SGOT) 및 ALT(SGPT), γ-GTP 및 총콜레스테롤

※ 일반건강진단 제1차 검사항목 중 실시대상 근로자

구분	검사항목	실시대상 근로자
1	혈당 검사	직전 일반건강진단에서 "당뇨병 의심(R)" 판정을 받은 근로자
2	총콜레스테롤 검사	가. 직전 일반건강진단에서 "고혈압 요관찰(C)" 판정을 받은 근로자 나. 일반건강진단시 실시한 혈압측정에서 수축기 또는 이완기 혈압이 각각 150mmHg 또는 95mmHg 이상 초과한 근로자
3	감마지·티·피 검사	35세 이상인 근로자

② 실시 시기 및 주기

구분	대상 유해인자	시기 (배치 후 첫 번째 특수 건강진단)	주기
1	N,N-디메틸아세트아미드 디메틸포름아미드	1개월 이내	6개월
2	벤젠	2개월 이내	6개월
3	1,1,2,2-테트라클로로에탄 사염화탄소 아크릴로니트릴 염화비닐	3개월 이내	6개월
4	석면, 면 분진	12개월 이내	12개월
5	광물성 분진 목재 분진 소음 및 충격소음	12개월 이내	24개월
6	제1호부터 제5호까지의 대상 유해인자를 제외한 별표22의 모든 대상 유해인자	6개월 이내	12개월

③ 실시방법

　가. 「산업안전보건법 시행규칙」 별표 24 [특수건강진단의 검사항목]에 따른 1차 검사항목을 포함하여 실시

　나. 특수건강검진의 결과 건강수준의 평가가 곤란하거나 질병이 의심되는 사람에 대해서는 「산업안전보건법 시행규칙」 별표 24에 따른 제2차 검사항목 중 건강검진 담당 의사가 필요하다고 인정하는 항목에 대하여 추가적인 검사를 할 수 있음

⑤ 임시건강검진

① 과학기술정보통신부장관은 연구주체의 장에게 다음의 어느 하나에 해당하는 경우 해당 구분에 따른 연구활동종사자에 대한 임시건강검진의 실시를 명할 수 있음

　가. 연구실 내에서 유소견자(연구실에서 취급하는 유해인자로 인하여 질병 또는 장해 증상 등 의학적 소견을 보이는 사람을 말함)가 발생한 경우: 다음의 어느 하나에 해당하는 연구활동종사자

　　1) 유소견자와 같은 연구실에 종사하는 연구활동종사자

　　2) 유소견자와 같은 유해인자에 노출된 해당 대학·연구기관등에 소속된 연구활동종사자로서 유소견자와 유사한 질병·장해 증상을 보이거나 유소견자와 유사한 질병·장해가 의심되는 연구활동종사자

　나. 연구실 내 유해인자가 외부로 누출되어 유소견자가 발생했거나 다수 발생할 우려가 있는 경우: 누출된 유해인자에 접촉했거나 접촉했을 우려가 있는 연구활동종사자

② 임시건강검진의 검사항목은 다음과 같음

　가. 「산업안전보건법 시행규칙」 별표 24에 따른 특수건강진단의 유해인자별 검사항목 중 연구활동종사자가 노출된 유해인자에 따라 필요하다고 인정되는 항목

　나. 그 밖에 건강검진 담당 의사가 필요하다고 인정하는 항목

③ 임시건강검진의 대상자 중 건강검진기관의 의사로부터 임시건강검진이 필요하지 않다는 소견을 받은 연구활동종사자는 임시건강검진을 받지 않을 수 있음

⑥ 벌칙

위반행위	근거 법조문	과태료 금액(만원)		
		1차 위반	2차 위반	3차 이상 위반
타. 법 제21조제1항을 위반하여 건강검진을 실시하지 않은 경우	법 제46조제2항제3호	500	600	800

3-11

비용의 부담(연구실안전법 제21조)

① 개요

연구주체의 장은 소관 연구실에 연구활동종사자에 대한 교육·훈련, 보험료, 보호장비 구입 및 연구비 책정 시 일정 비율 이상을 안전 관련 예산에 배정·집행하여야 함

② 연구실 안전 및 유지관리비의 계상

연구주체의 장은 다음의 용도에 사용하기 위한 비용을 매년 연구실 안전 및 유지·관리비로 예산에 계상하여야 함

① 안전관리에 관한 정보제공 및 연구활동종사자에 대한 교육·훈련

② 연구실안전환경관리자에 대한 전문교육

③ 건강검진

④ 보험료

⑤ 연구실의 안전을 유지·관리하기 위한 설비의 설치·유지 및 보수

⑥ 연구활동종사자의 보호장비 구입

⑦ 안전점검 및 정밀안전진단

⑧ 그 밖에 연구실의 안전환경 조성을 위하여 필요한 사항으로서 과학기술정보통신부장관이 고시하는 용도[43]

---

43) 지적사항 환경개선비, 강사료 및 전문가 활용비, 수수료, 여비 및 회의비, 설비 안전검사비, 사고조사 비용 및 출장비, 사전유해인자위험분석 비용, 연구실안전환경관리자 인건비, 연구실 안전관리 시스템 구축·유지 및 관리에 필요한 비용 등이 있음

③ 사용 명세서 작성

연구주체의 장은 계상된 연구실 안전 및 유지·관리비를 사용한 경우에는 그 명세서를 작성하여야 함

① 작성시기

차년도 사업계획 수립시 연구실의 안전환경 및 유지관리에 필요한 예산을 반영하여 사용내역서[44] 작성

② 작성방법

사용내역에는 다음 사항을 포함하여 별지의 서식에 따라 작성

가. 보험료

　1) 보상내용과 보상금액을 보장하는 보험료

나. 안전관련 자료의 확보·전파 비용 및 교육·훈련비 등 안전문화 확산

　1) 연구실안전환경관리자 및 연구실안전관리담당자에 대한 교육 비용

　2) 연구활동종사자에 대한 안전교육 비용(정기, 신규채용, 연구내용 변경 시)

　3) 연구실 안전수칙·교육교재·안전관련 도서·학술지 등 연구실 안전관리에 필요한 자료 등의 구입·제작 비용 및 그 홍보·전파 등의 비용

　4) 연구실 안전 관련 행사비 및 포상비

다. 건강검진

　1) 위험물질 및 바이러스 등에 노출될 위험이 있는 연구실안전환경관리자 및 연구활동종사자에 대한 일반건강검진 및 특수건강검진 비용

라. 설비의 설치·유지 및 보수

　1) 연구실의 안전환경을 유지·관리하기 위한 시설·설비의 설치·유지 및 보수 비용. 다만, 연구실험장치의 교체, 시설공사 및 개조비용 등은 제외

　2) 연구실안전환경을 위한 시설·설비의 재배치에 소요되는 비용

마. 보호장비 구입

---

44) 과학기술정보통신부고시 「연구실 안전 및 유지관리비의 사용내역서 작성에 관한 세부기준」 [별지] 연구실 안전ㅁ유지관리비 계획 및 사용내역서

    1) 연구실험의 특성에 적합한 연구활동종사자 및 연구실안전환경관리자 등의 각종 개인 보호구 및 각종 안전장비의 구매 비용

    2) 구급의약품 구입에 소요되는 비용

    3) 보호장비의 유지관리 및 보수에 소요되는 비용

    4) 안전관리 활동에 따른 개인용 작업복 구매에 소요되는 비용

바. 안전점검 및 정밀안전진단

    1) 안전점검의 준비·실시에 소요되는 비용 및 점검측정장비구입 비용

    2) 정밀안전진단의 준비·실시에 소요되는 비용 및 진단측정장비구입 비용

사. 지적사항 환경개선비

    1) 안전점검·정밀안전진단 결과 주요 지적사항(점검·진단사항)을 개선하기 위한 비용 및 개선대책의 조치에 필요한 비용

아. 강사료 및 전문가 활용비

    1) 연구실 안전교육과 관련된 안전전문가 초빙 시 소요되는 강사료와 전문가 활용 및 자문에 소요되는 비용

    2) 연구실 사고 발생 시 발생원인 조사 및 분석 비용

자. 수수료

    1) 실험실 지정폐기물 및 실험실 폐수 처리에 따른 연구실 안전을 위한 제반 수수료 및 그에 따른 소요 비용

차. 여비 및 회의비

    1) 연구실안전환경관리자와 연구실책임자 등이 안전관리 활동과 관련된 출장 등과 연구실 안전관리위원회를 개최하는 데에 소요되는 비용

카. 설비 안전검사비

    1) 위험기계·기구 및 실험설비의 안전검사 비용

타. 사고조사 비용 및 출장비

    1) 연구실 사고 발생 시 발생원인 조사 및 분석 비용 및 사고조사에 필요한 출장비

파. 사전유해인자 위험분석 비용

　　　1) 사전유해인자위험분석에 따른 전문가 활용 등 소요비용

　하. 연구실안전환경관리자 인건비

　　　1) 연구실안전환경관리자의 최소 지정 기준을 초과하여 지정된 자로서 연구실안전관리 업무를

　　　　전담으로 수행하는 연구실안전환경관리자의 인건비

　거. 안전관리 시스템

　　　1) 연구실 안전관리 시스템의 구축·유지 및 관리에 필요한 비용

　너. 기타 연구실 안전을 위해 사용된 비용보상내용과 보상금액을 보장하는 보험료

④ 사용 명세서 제출

연구주체의 장은 매년 4월 30일까지 계상한 해당 연도 연구실 안전 및 유지·관리비의 내용과, 전년도 사용 명세서를 과학기술정보통신부장관에게 제출하여야 함

⑤ 안전 관련 예산의 배정

① 연구주체의 장은 연구과제 수행을 위한 연구비를 책정할 때 그 연구과제 인건비 총액의 1퍼센트 이상에 해당하는 금액을 안전 관련 예산으로 배정하여야 함

② 대상 기관

　가. 「고등교육법」 제2조에 따른 대학·산업대학·교육대학·전문대학·방송대학·통신대학·방송통신대

　　　학·사이버대학 및 기술대학, 같은 법 제29조에 따른 대학원, 같은 법 제30조에 따른 대학원대

　　　학, 「과학기술분야 정부출연연구기관 등의 설립·운영 및 육성에 관한 법률」 제33조에 따른 대학

　　　원대학, 「근로자직업능력 개발법」 제39조에 따른 기능대학, 「한국과학기술원법」에 따른 한국과

　　　학기술원, 「광주과학기술원법」에 따른 광주과학기술원, 「대구경북과학기술원법」에 따른 대구경

　　　북과학기술원 및 「울산과학기술원법」에 따른 울산과학기술원

　나. 국·공립연구기관

　다. 「과학기술분야 정부출연연구기관 등의 설립·운영 및 육성에 관한 법률」의 적용을 받는 연구기관

　라. 「특정연구기관 육성법」의 적용을 받는 특정연구기관

⑥ 목적 외 사용금지

연구주체의 장은 연구실 안전 및 유지·관리비와 연구과제 인건비 총액의 1퍼센트 이상 배정된 안전 관련 예산을 다른 목적으로 사용해서는 안됨

⑦ 벌칙

위반행위	근거 법조문	과태료 금액(만원)		
		1차 위반	2차 위반	3차 이상 위반
파. 법 제22조제2항을 위반하여 소관 연구실에 필요한 안전 관련 예산을 배정 및 집행하지 않은 경우	법 제46조제3항제9호	250	300	400
하. 법 제22조제3항을 위반하여 연구과제 수행을 위한 연구비를 책정할 때 일정 비율 이상을 안전 관련 예산에 배정하지 않은 경우	법 제46조제3항제10호	250	300	400
거. 법 제22조제4항을 위반하여 안전 관련 예산을 다른 목적으로 사용한 경우	법 제46조제3항제11호	250	300	400

참고 9 | 연구실 안전·유지관리비 계획 및 사용내역서

연구실 안전·유지관리비 계획 및 사용내역서

1. 전년도 연구실 안전·유지관리비 사용내역

가. 총괄 내역 (전년도 연구실 안전관리비 집행 내역)

(단위: 원, %)

구분	기관자체 예산에서 확보한 연구실 안전관리비[1] 확보액 및 집행액(A)	연구비에서 확보한 연구실 안전관리비*				총계(A+D)
		연구비총액[2] (B)	인건비[3] (C)	안전관리비[4] (D)	비율 (D/C)	
확보액	원	원	원	원	%	원
실집행액	원	원	원	원	%	원

나. 항목별 내역

(단위: 원)

항목	집행 실적 (전년도)	
	확보액	실집행액
계		
보험료		
안전관련 자료 구입.전파 비용		
교육.훈련비, 포상비		
건강검진비		
실험실 설비 설치.유지 및 보수비		
안전위생 보호장비 구입비		
안전점검 및 정밀안전진단비		
지적사항 환경개선비		
강사료 및 전문가 활용비		
수수료		
여비 및 회의비		
설비 안전검사비		
사고조사 비용 및 출장비		
사전유해인자위험분석 비용		
연구실안전환경관리자 인건비		
안전관리 시스템 비용		
기타		

1) 기관자체 운영예산으로 보험료, 안전관련 교육·훈련비, 건강검진비, 연구실 유지 및 보수비, 보호장비 구입비, 안전점검 및 정밀안전진단비 등을 위해 확보 또는 실제 집행한 총예산

2) 기관자체 예산 이외의 외부 기관에서 수주한 과학기술 연구비의 총액

   예 a(국책연구), b(민간기업 연구), c(대학 연구) 3개의 외부 연구과제를 수행한 경우, (a+b+c) 연구과제의 연구비를 합한 금액

3) 기관자체 예산 이외의 외부 기관에서 수주한 연구비에서 책정된 인건비의 합

   예 a(국책연구), b(민간기업 연구), c(대학 연구) 3개의 외부 연구과제를 수행한 경우, (a+b+c) 연구과제의 인건비를 합한 금액

4) 기관자체 예산 이외의 외부 기관에서 수주한 연구비에서 책정된 안전관리비의 합

   예 a(국책연구), b(민간기업 연구), c(대학 연구) 3개의 외부 연구과제를 수행한 경우, (a+b+c) 연구과제의 안전관리비를 합한 금액

2. 당해년도 연구실 안전·유지관리비 확보내역

가. 총괄 내역 (당해년도 연구실 안전관리비 확보내역)

(단위: 원, %)

기관자체 예산에서 확보한 연구실 안전관리비[1] 확보액(A)	연구비에서 확보한 안전관리비				총계(A+D)
	연구비 총액[2] (B)	인건비[3] (C)	안전관리비[4] (D)	비율 (D/C)	
원	원	원	원	%	원

나. 항목별 내역

(단위: 원)

항목	당해연도 확보액(계획)
계	
보험료	
안전관련 자료 구입.전파 비용	
교육·훈련비, 포상비	
건강검진비	
실험실 설비 설치·유지 및 보수비	
안전위생 보호장비 구입비	
안전점검 및 정밀안전진단비	
지적사항 환경개선비	
강사료 및 전문가 활용비	
수수료	
여비 및 회의비	
설비 안전검사비	
사고조사 비용 및 출장비	
사전유해인자위험분석 비용	
연구실안전환경관리자 인건비	
안전관리 시스템 비용	
기타	

1) 기관자체 운영예산,으로 보험료, 안전관련 교육·훈련비, 건강검진비, 연구실 유지 및 보수비, 보호장비 구입비, 안전점검 및 정밀안전진단비 등을 위해 확보한 총예산

2) 기관자체 예산 이외의 외부 기관에서 수주한 과학기술 연구비의 총액

   예 a(국책연구), b(민간기업 연구), c(대학 연구) 3개의 외부 연구과제를 수행한 경우, (a+b+c) 연구과제의 연구비를 합한 금액

3) 기관자체 예산 이외의 외부 기관에서 수주한 연구비에서 책정된 인건비의 합

   예 a(국책연구), b(민간기업 연구), c(대학 연구) 3개의 외부 연구과제를 수행한 경우, (a+b+c) 연구과제의 인건비를 합한 금액

4) 기관자체 예산 이외의 외부 기관에서 수주한 연구비에서 책정된 안전관리비의 합

   예 a(국책연구), b(민간기업 연구), c(대학 연구) 3개의 외부 연구과제를 수행한 경우, (a+b+c) 연구과제의 안전관리비를 합한 금제4장 ┃ 연구실사고에 대한 대응 및 보상

이해하기 쉬운
연구실안전법

연구실사고에 대한 대응 및 보상

4-1

연구실사고 보고(연구실안전법 제23조)

① 개요

연구주체의 장은 연구실사고가 발생한 경우 과학기술정보통신부장관에게 보고하고 그 내용을 공표하여야 함

② 연구실사고 보고

연구활동종사자가 의료기관에서 3일 이상의 치료가 필요한 생명 및 신체상의 손해를 입은 연구실사고가 발생한 경우에는 사고가 발생한 날부터 1개월 이내에 연구실사고 조사표[45]를 작성하여 과학기술정보통신부장관에게 보고하여야 함

③ 중대연구실사고[46] 보고

중대연구실사고가 발생한 경우에는 지체 없이 다음의 사항을 과학기술정보통신부장관에게 전화, 팩스, 전자우편이나 그 밖의 적절한 방법으로 보고하여야 함. 다만, 천재지변 등 부득이한 사유가 발생한 경우에는 그 사유가 없어진 때에 지체 없이 보고

① 사고 발생 개요 및 피해 상황

② 사고 조치 내용, 사고 확산 가능성 및 향후 조치·대응계획

③ 그 밖에 사고 내용·원인 파악 및 대응을 위해 필요한 사항

---

45) 연구실 안전환경 조성에 관한 법률 시행규칙 [별지 제6호서식]
46) 제1장 연구실안전법 총직→ 2. 연구실안전법의 목적 및 정의 → ② 용어정의 ⑬ 참조

④ 사고 발생 현황의 공표

연구주체의 장은 보고한 연구실사고의 발생 현황을 대학·연구기관등 또는 연구실의 인터넷 홈페이지나 게시판 등에 공표하여야 함

⑤ 벌칙

위반행위	근거 법조문	과태료 금액(만원)		
		1차 위반	2차 위반	3차 이상 위반
너. 법 제23조를 위반하여 보고를 하지 않거나 거짓으로 보고한 경우	법 제46조제3항제12호	250	300	400

참고 10 ┃ 연구실사고 조사표

■ 연구실 안전환경 조성에 관한 법률 시행규칙 [별지 제6호서식]

연구실사고 조사표

※ 뒤쪽의 작성방법을 읽고 작성해 주시기 바라며, [ ]에는 해당하는 곳에 √ 표시를 합니다. (앞쪽)

기관명			기관유형	[ ]대　　학　 [ ]연구기관 [ ]기업부설(연) [ ]그 밖의 기관							
주소											

사고 발생 원인 및 발생 경위[1]	사고일시		년　　월　　일　　시								
	사고장소		학과(부서)명: 연구실명:　　　　　　　　(연구 분야 :　　　　　)								
	연구활동 내용		연구활동 수행 인원, 취급 물질·기계·설비, 수행 중이던 연구활동의 개요 등 기록								
	사고 발생 당시 상황		불안전한 연구실 환경, 사고자나 동료 연구자의 불안전한 행동 등 기록								

피해 현황	인적 피해		성명	성별	출생연도	신분[2]	상해부위	상해유형[3]	상해·질병코드[4]	치료(예상)기간	상해·질병완치여부	후유장해여부(1~14급)	보상여부	보상금액
		①												
		②												
		③												
		④												
		⑤												

※ 인적 피해가 5명을 초과하는 경우, '인적 피해 현황'부분만 별지로 추가 작성해 주시기 바랍니다.

피해 현황	물적 피해	피해물품		피해금액	약　　　백만원

조치 현황 및 향후 계획	보고 시점까지 내부보고 등 조치 현황 및 향후 계획(치료 및 복구 등) 기록
재발 방지 대책	(상세계획은 별첨)

연구실 안전 관리 현황	점검·진단	[ ] 실시(실시일:　　　　　　　) [ ] 미실시(사유:　　　　　　　)
	보험가입	[ ] 가입(가입일:　　　　　　　) [ ] 미가입(사유:　　　　　　)
	안전교육	[ ] 실시(실시일:　　　　　　　) [ ] 미실시(사유:　　　　　　)

별첨	재발 방지 대책 상세 계획 사고장소 현장 및 피해 사진 등

관계자 확인 (　　년 월 일)	연구주체의 장	(서명 또는 인)
	연구실안전환경관리자	(서명 또는 인)
	연구실책임자	(서명 또는 인)

작성방법

1) 사고 발생 원인 및 발생 경위
   ※ 연구실사고 원인을 상세히 분석할 수 있도록 사고일시[년, 월, 일, 시(24시 기준)], 사고 발생 장소, 사고 발생 당시 수행 중이던 연구활동 내용(연구활동 수행 인원, 취급 물질·기계·설비, 수행 중이던 연구활동의 개요 등), 사고 발생 당시 상황[불안전한 연구실 환경(기기 노후, 안전장치·설비 미설치 등), 사고자나 동료 연구자의 불안전한 행동(예시: 보호구 미착용, 넘어짐 등) 등]을 상세히 적습니다.

2) 신분은 아래의 항목을 참고하여 작성합니다.
   ※ 기관 유형이 "대학"인 경우에는 ① 교수, ② 연구원, ③ 대학원생(석사·박사), ④ 대학생(학사, 전문학사)에 해당하면 그 명칭을 적고, 그 밖의 신분에 해당할 경우에는 그 상세 명칭을 적습니다.
   ※ 기관 유형이 "연구기관"인 경우에는 ① 연구자(근로자 신분을 지닌 사람), ② 학생연구원에 해당하면 그 명칭을 적고, 그 밖의 신분에 해당할 경우에는 그 상세 명칭을 적습니다.
   ※ 기관 유형이 "기업부설연구소"인 경우에는 「기초연구진흥 및 기술개발지원에 관한 법률」에 따라 한국산업기술진흥협회(KOITA)에 신고된 신고서를 기준으로 ① 전담연구원, ② 연구보조원, ③ 학생연구원에 해당하면 그 명칭을 적고, 그 밖의 신분에 해당할 경우에는 그 상세 명칭을 적습니다.

3) 상해 유형은 아래의 항목을 참고하여 작성합니다.
   ① 골절: 뼈가 부러진 상태
   ② 탈구: 뼈마디가 삐어 어긋난 상태
   ③ 찰과상: 스치거나 문질러서 살갗이 벗겨진 상처
   ④ 찔림: 칼, 주사기 등에 찔린 상처
   ⑤ 타박상: 받히거나 넘어지거나 하여 피부 표면에는 손상이 없으나 피하조직이나 내장이 손상된 상태
   ⑥ 베임: 칼 따위의 날카로운 것에 베인 상처
   ⑦ 이물: 체외에서 체내로 들어오거나 또는 체내에서 발생하여 조직과 익숙해지지 않은 물질이 체내에 있는 상태
   ⑧ 난청: 청각기관의 장애로 청력이 약해지거나 들을 수 없는 상태
   ⑨ 화상: 불이나 뜨거운 열에 데어서 상함 또는 그 상처
   ⑩ 동상: 심한 추위로 피부가 얼어서 상함 또는 그 상처
   ⑪ 전기상: 감전이나 전기 스파크 등에 의한 상함 또는 그 상처
   ⑫ 부식: 알칼리류, 산류, 금속 염류 따위의 부식독에 의하여 신체에 손상이 일어난 상태
   ⑬ 중독: 음식이나 내용·외용 약물 및 유해물질의 독성으로 인해 신체가 기능장애를 일으키는 상태
   ⑭ 질식: 생체 또는 그 조직에서 갖가지 이유로 산소의 결핍, 이산화탄소의 과잉으로 일어나는 상태
   ⑮ 감염: 병원체가 몸 안에 들어가 증식하는 상태
   ⑯ 물림: 짐승, 독사 등에 물려 상처를 입음 또는 그 상처
   ⑰ 긁힘: 동물에 긁혀서 생긴 상처
   ⑱ 염좌: 인대 등이 늘어나거나 부분적으로 찢어져 생긴 손상
   ⑲ 절단: 예리한 도구 등으로 인하여 잘린 상처
   ⑳ 그 밖의 유형: ① ~ ⑲ 항목으로 분류를 할 수 없을 경우에는 그 상해의 명칭을 적습니다.

4) 상해·질병 코드는 진단서에 표기된 상해·질병 코드(질병분류기호 등)를 적습니다.

4-2

연구실사고 조사의 실시(연구실안전법 제24조)

① 개요

과학기술정보통신부장관은 연구실사고가 발생한 경우 그 재발 방지를 위하여 연구
주체의 장에게 관련 자료의 제출을 요청할 수 있으며, 제출받은 자료를 검토한 결
과 추가 조사가 필요하다고 인정되는 경우에는 연구실사고가 발생한 연구실에 대
하여 관련 전문가에게 경위 및 원인 등을 조사하게 할 수 있음

② 사고조사반의 구성

① 과학기술정보통신부장관은 연구실사고의 경위 및 원인을 조사하게 하기 위하여
다음 각 호의 사람으로 구성되는 사고조사반을 운영할 수 있음

    가. 연구실 안전과 관련한 업무를 수행하는 관계 공무원

    나. 연구실 안전 분야 전문가

    다. 그 밖에 연구실사고 조사에 필요한 경험과 학식이 풍부한 전문가

② 조사반원으로 구성된 사고조사반 인력풀을 15명 내외로 구성하고 조사반원의
임기는 2년으로 하되 연임할 수 있음

③ 과학기술정보통신부장관은 조사반원을 위촉하는 경우 위촉동의서를 받아야 하
며 위촉된 조사반원에 대해서는 사고조사반원증[47]을 발급

---

47) 본서 제5장 연구실 안전환경 조성을 위한 지원 등 → 5-4 증표 제시 → ② 증표의 서식 참조

③ 안전사고의 조사

① 과학기술정보통신부장관은 사고 경위 및 원인에 대한 조사가 필요하다고 인정되는 안전사고 발생 시 사고원인, 규모 및 발생지역 등 그 특성을 고려하여 지명 또는 위촉된 조사반원 중 5명 내외로 당해 사고를 조사하기 위한 사고조사반을 구성

② 제1항에 따라 당해 사고조사반이 구성되는 경우 과학기술정보통신부장관은 그 당해 사고조사반원 중에서 책임자(이하 "조사반장"이라 함)를 지명 또는 위촉할 수 있음

③ 제2항에 따라 조사반장이 지명 또는 위촉되는 경우를 제외하고 조사반장은 과학기술정보통신부의 연구실 안전관리를 담당하는 부서의 장이 됨

④ 사고조사반의 기능

① 「연구실 안전환경 조성에 관한 법률」이행여부 등 사고원인 및 사고경위 조사
② 연구실 사용제한 등 긴급한 조치 필요여부 등의 검토
③ 그 밖에 과학기술정보통신부장관이 조사를 요청한 사항

⑤ 조사실시

① 사고조사반은 발생한 연구실 안전사고에 대한 사고조사를 실시하는 경우 그 권한을 표시하는 사고조사반원증을 관계인에게 제시하여야 함

② 조사반장은 사고조사가 효율적이고 신속히 수행될 수 있도록 당해 조사반원에게 임무를 부여하고 조사업무를 총괄

③ 조사반장은 현장 도착 후 즉시 사고 원인 및 피해내용, 연구실 사용제한 등 긴급한 조치의 필요여부 등에 대해 과학기술정보통신부에 우선 유·무선으로 보고하여야 함

⑥ 보고서의 제출

조사반장은 사고조사가 종료된 경우 지체 없이 아래 각 호의 내용이 포함된 사고
조사보고서를 작성하여 과학기술정보통신부장관에게 제출하여야 함

① 조사 일시

② 당해 사고조사반 구성

③ 사고개요

④ 조사내용 및 결과(사고현장 사진 포함)

⑤ 문제점

⑥ 복구 시 반영 필요사항 등 개선대책

⑦ 결론 및 건의사항

⑦ 여비 및 수당

① 공무원 이외의 조사반원에 대한 여비는 「공무원여비규정」별표1의 제2호에 준하
여 지급

② 과학기술정보통신부장관은 조사반원에 대해 엔지니어링 사업대가 기준 등을 참
고하여 수당을 지급할 수 있음

③ 과학기술정보통신부장관은 조사차량 및 조사장비 임차비, 비디오 및 사진촬영,
보고서 작성 등에 필요한 경비를 별도로 지급할 수 있음

⑧ 정보제공

조사반원은 사고조사 과정에서 업무상 알게 된 정보를 외부에 제공하고자 하는 경
우 사전에 과학기술정보통신부장관과 협의하여야 함

⑨ 벌칙

위반행위	근거 법조문	과태료 금액(만원)		
		1차 위반	2차 위반	3차 이상 위반

더. 법 제24조제1항을 위반하여 자료제출
  이나 사고경위 및 사고원인 등의 조사
  를 거부·방해 또는 기피한 경우
	법 제46조제3항제13호	250	300	400

4-3

연구실 사용제한 등(연구실안전법 제25조)

① 개요

연구주체의 장은 안전점검 및 정밀안전진단의 실시 결과 또는 연구실사고 조사 결과에 따라 연구활동종사자 또는 공중의 안전을 위하여 필요시 긴급한 조치를 실시하여야 함

② 긴급 조치 사항

연구주체의 장은 긴급한 조치가 필요하다고 판단되는 경우에는 다음 각 호 중 하나 이상의 조치를 취하여야 함

① 정밀안전진단 실시

② 유해인자의 제거

③ 연구실 일부의 사용제한

④ 연구실의 사용금지

⑤ 연구실의 철거

⑥ 그 밖에 연구주체의 장 또는 연구활동종사자가 필요하다고 인정하는 안전조치

③ 연구활동종사자의 조치

① 연구활동종사자는 연구실의 안전에 중대한 문제가 발생하거나 발생할 가능성이 있어 긴급한 조치가 필요하다고 판단되는 2 긴급 조치 사항의 어느 하나에 해당하는 조치를 직접 취할 수 있음

② 긴급 조치를 직접 취한 경우에는 연구주체의 장에게 그 사실을 지체 없이 보고하여야 함

③ 연구주체의 장은 긴급 조치를 취한 연구활동종사자에 대하여 그 조치의 결과를 이유로 신분상 또는 경제상의 불이익을 주어서는 안됨

④ 조치사항에 대한 보고

① 긴급 조치가 있는 경우 연구주체의 장은 그 사실을 과학기술정보통신부장관에게 즉시 보고하여야 함

② 이 경우 과학기술정보통신부장관은 이를 공고하여야 함

⑤ 벌칙

> ◆ **연구실안전법 제43조【벌칙】**
> ① 다음 각 호의 어느 하나에 해당하는 자는 5년 이하의 징역 또는 5천만원 이하의 벌금에 처한다.
>   1. 제14조 및 제15조에 따른 안전점검 또는 정밀안전진단을 실시하지 아니하거나 성실하게 실시하지 아니함으로써 연구실에 중대한 손괴를 일으켜 공중의 위험을 발생하게 한 자
>   2. 제25조제1항에 따른 조치를 이행하지 아니하여 공중의 위험을 발생하게 한 자
> ② 제1항 각 호의 죄를 범하여 사람을 사상에 이르게 한 자는 3년 이상 10년 이하의 징역에 처한다.
>
> ◆ **연구실안전법 제45조【양벌규정】**
> ① 법인의 대표자나 법인 또는 개인의 대리인, 사용인, 그 밖의 종업원이 그 법인 또는 개인의 업무에 관하여 제43조제1항 또는 제44조의 위반행위를 하면 그 행위자를 벌하는 외에 그 법인 또는 개인에게도 해당 조문의 벌금형을 과(科)한다. 다만, 법인 또는 개인이 그 위반행위를 방지하기 위하여 해당 업무에 관하여 상당한 주의와 감독을 게을리하지 아니한 경우에는 그러하지 아니하다.
> ② 법인의 대표자나 법인 또는 개인의 대리인, 사용인, 그 밖의 종업원이 그 법인 또는 개인의 업무에 관하여 제43조제2항의 위반행위를 하면 그 행위자를 벌하는 외에 그 법인 또는 개인에게도 1억원 이하의 벌금형을 과한다. 다만, 법인 또는 개인이 그 위반행위를 방지하기 위하여 해당 업무에 관하여 상당한 주의와 감독을 게을리하지 아니한 경우에는 그러하지 아니하다.

4-4

보험가입 등(연구실안전법 제26조, 제27조)

① 개요

연구주체의 장은 연구활동종사자의 상해·사망에 대비하여 연구활동종사자를 피보험자 및 수익자로 하는 보험에 가입하여야 함

② 보험료 계상

① 연구주체의 장은 보험에 가입하는 경우 보험가입에 필요한 비용을 예산에 계상하여야 함

② 보험가입에 필요한 비용을 예산에 계상할 때에는 가입하는 보험의 종류, 피보험자·수익자의 수 및 보상금액 등을 고려

③ 보험가입 기준

연구주체의 장은 다음의 사항을 모두 충족하는 보험에 가입

① 보험의 종류: 연구실사고로 인한 연구활동종사자의 부상·질병·신체상해·사망 등 생명 및 신체상의 손해를 보상하는 내용이 포함된 보험일 것

② 보상금액: 다음의 기준에 해당하는 보험급여별 보상금액 기준 충족

　가. 요양급여: 최고한도(1억원 이상)의 범위에서 실제로 부담해야 하는 의료비

　나. 장해급여: 후유장해 등급별 금액 이상

등급	보상 금액	후유장해
1급	20,000만원	1. 두 눈이 실명된 사람 2. 말하는 기능과 음식물을 씹는 기능을 완전히 잃은 사람 3. 신경계통의 기능 또는 정신기능에 뚜렷한 장해가 남아 항상 간병을 받아야 하는 사람 4. 흉복부장기에 뚜렷한 장해가 남아 항상 간병을 받아야 하는 사람 5. 반신마비가 된 사람 6. 두 팔을 팔꿈치관절 이상의 부위에서 잃은 사람 7. 두 팔을 완전히 사용하지 못하게 된 사람 8. 두 다리를 무릎관절 이상의 부위에서 잃은 사람 9. 두 다리를 완전히 사용하지 못하게 된 사람
2급	18,000만원	1. 한 눈이 실명되고 다른 눈의 시력이 0.02이하로 된 사람 2. 두 눈의 시력이 각각 0.02이하로 된 사람 3. 두 팔을 손목관절 이상의 부위에서 잃은 사람 4. 두 다리를 발목관절 이상의 부위에서 잃은 사람 5. 신경계통의 기능 또는 정신기능에 뚜렷한 장해가 남아 수시로 간병을 받아야 하는 사람 6. 흉복부장기의 기능에 뚜렷한 장해가 남아 수시로 간병을 받아야 하는 사람
3급	16,000만원	1. 한 눈이 실명되고 다른 눈의 시력이 0.06이하로 된 사람 2. 말하는 기능 또는 음식물을 씹는 기능을 완전히 잃은 사람 3. 신경계통의 기능 또는 정신기능에 뚜렷한 장해가 남아 일생동안 노무에 종사할 수 없는 사람 4. 흉복부장기의 기능에 뚜렷한 장해가 남아 일생동안 노무에 종사할 수 없는 사람 5. 두 손의 손가락을 모두 잃은 사람

등급	보상 금액	후유장해
4급	14,000만원	1. 두 눈의 시력이 각각 0.06이하로 된 사람 2. 말하는 기능과 음식물을 씹는 기능에 뚜렷한 장해가 남은 사람 3. 고막의 전부의 결손이나 그 외의 원인으로 인하여 두 귀의 청력을 완전히 잃은 사람 4. 한 팔을 팔꿈치관절 이상의 부위에서 잃은 사람 5. 한 다리를 무릎관절 이상의 부위에서 잃은 사람 6. 두 손의 손가락을 모두 제대로 못쓰게 된 사람 7. 두 발을 족근중족관절(리스프랑관절) 이상의 부위에서 잃은 사람
5급	12,000만원	1. 한 눈이 실명되고 다른 눈의 시력이 0.1이하로 된 사람 2. 한 팔을 손목관절 이상의 부위에서 잃은 사람 3. 한 다리를 발목관절 이상의 부위에서 잃은 사람 4. 한 팔을 완전히 사용하지 못하게 된 사람 5. 한 다리를 완전히 사용하지 못하게 된 사람 6. 두 발의 발가락을 모두 잃은 사람 7. 흉복부장기의 기능에 뚜렷한 장해가 남아 특별히 손쉬운 노무 외에는 종사할 수 없는 사람 8. 신경계통의 기능 또는 정신기능에 뚜렷한 장해가 남아 특별히 손쉬운 노무 외에는 종사할 수 없는 사람
6급	10,000만원	1. 두 눈의 시력이 각각 0.1이하로 된 사람 2. 말하는 기능 또는 음식물을 씹는 기능에 뚜렷한 장해가 남은 사람 3. 고막의 대부분의 결손이나 그 외의 원인으로 인하여 두 귀의 청력이 모두 귀에 입을 대고 말하지 아니하면 큰 말소리를 알아듣지 못하는 사람 4. 한 귀가 전혀 들리지 아니하게 되고, 다른 귀의 청력이 40센티미터 이상의 거리에서는 보통의 말소리를 알아듣지 못하게 된 사람 5. 척주에 극도의 기능장해나 고도의 기능장해가 남고 동시에 극도의 척추 신경근장해가 남은 사람 6. 한 팔의 3대 관절 중의 2개 관절을 못쓰게 된 사람 7. 한 다리의 3대 관절 중의 2개 관절을 못쓰게 된 사람 8. 한 손의 5개 손가락 또는 엄지손가락과 둘째손가락을 포함하여 4개의 손가락을 잃은 사람

등급	보상 금액	후유장해
7급	8,000만원	1. 한 눈이 실명되고 다른 눈의 시력이 0.6이하로 된 사람 2. 두 귀의 청력이 모두 40센티미터 이상의 거리에서는 보통의 말소리를 알아듣지 못하게 된 사람 3. 한 귀가 전혀 들리지 아니하게 되고, 다른 귀의 청력이 1미터 이상의 거리에서는 보통의 말소리를 알아듣지 못하게 된 사람 4. 신경계통의 기능 또는 정신기능에 뚜렷한 장해가 남아 손쉬운 일 외에는 하지 못하는 사람 5. 흉복부장기의 기능에 장해가 남아 손쉬운 일 외에는 하지 못하는 사람 6. 한 손의 엄지손가락과 둘째손가락을 잃은 사람 또는 엄지손가락이나 둘째손가락을 포함하여 3개 이상의 손가락을 잃은 사람 7. 한 손의 5개의 손가락 또는 엄지손가락과 둘째손가락을 포함하여 4개의 손가락을 제대로 못쓰게 된 사람 8. 한 발을 족지중족관절(리스프랑관절) 이상의 부위에서 잃은 사람 9. 한 팔에 가관절이 남아 뚜렷한 운동기능장해가 남은 사람 10. 한 다리에 가관절이 남아 뚜렷한 운동기능장해가 남은 사람 11. 두 발의 발가락을 모두 제대로 못쓰게 된 사람 12. 외모에 극도의 흉터가 남은 사람 13. 생식기의 기능을 완전히 상실한 사람 14. 척주에 극도의 기능장해나 고도의 기능장해가 남고 동시에 고도의 척추 신경근장해가 남은 사람 또는 척주에 중등도의 기능장해나 극도의 변형장해가 남고 동시에 극도의 척추 신경근장해가 남은 사람
8급	6,000만원	1. 한 눈이 실명되거나 한 눈의 시력이 0.02이하로 된 사람 2. 척주에 극도의 기능장해가 남은 사람, 척주에 고도의 기능장해가 남고 동시에 중등도의 척추신경근 장해가 남은 사람, 척주에 중등도의 기능장해나 극도의 변형장해가 남고 동시에 고도의 척추 신경근장해가 남은 사람 또는 척주에 경미한 기능장해나 중등도의 변형장해가 남고 동시에 극도의 척추 신경근장해가 남은 사람 3. 한 손의 엄지손가락을 포함하여 2개의 손가락을 잃은 사람 4. 한 손의 엄지손가락과 둘째손가락을 제대로 못쓰게 된 사람 또는 한 손의 엄지손가락이나 둘째손가락을 포함하여 3개 이상의 손가락을 제대로 못쓰게 된 사람 5. 한 다리가 5센티미터 이상 짧아진 사람 6. 한 팔의 3대 관절 중 1개 관절을 제대로 못쓰게 된 사람 7. 한 다리의 3대 관절 중 1개 관절을 제대로 못쓰게 된 사람 8. 한 팔에 가관절이 남은 사람 9. 한 다리에 가관절이 남은 사람 10. 한 발의 발가락을 모두 잃은 사람 11. 비장 또는 한쪽의 신장을 잃은 사람

등급	보상 금액	후유장해
9급	4,500만원	1. 두 눈의 시력이 각각 0.6이하로 된 사람 2. 한 눈의 시력이 0.06이하로 된 사람 3. 두 눈에 모두 반맹증·시야협착 또는 시야결손이 남은 사람 4. 두 눈의 눈꺼풀에 뚜렷한 결손이 남은 사람 5. 코가 결손 되어 그 기능에 뚜렷한 장해가 남은 사람 6. 말하는 기능과 음식물을 씹는 기능에 장해가 남은 사람 7. 두 귀의 청력이 모두 1미터 이상의 거리에서는 큰 말소리를 알아듣지 못하게 된 사람 8. 한 귀의 청력이 귀에 입을 대고 말하지 아니하면 큰 말소리를 알아듣지 못하고 다른 귀의 청력이 1미터 이상의 거리에서는 보통의 말소리를 알아듣지 못하게 된 사람 9. 한 귀의 청력을 완전히 잃은 사람 10. 한 손의 엄지손가락을 잃은 사람 또는 둘째손가락을 포함하여 2개의 손가락을 잃은 사람 또는 엄지손가락과 둘째손가락외의 3개의 손가락을 잃은 사람 11. 한 손의 엄지손가락을 포함하여 2개의 손가락을 제대로 못쓰게 된 사람 12. 한 발의 엄지발가락을 포함하여 2개 이상의 발가락을 잃은 사람 13. 한 발의 발가락을 모두 제대로 못쓰게 된 사람 14. 생식기에 뚜렷한 장해가 남은 사람 15. 신경계통의 기능 또는 정신기능에 장해가 남아 종사할 수 있는 노무가 상당한 정도로 제한된 사람 16. 흉복부장기의 기능에 장해가 남아 종사할 수 있는 노무가 상당한 정도로 제한된 사람 17. 척주에 고도의 기능장해가 남은 사람, 척주에 중등도의 기능장해나 극도의 변형장해가 남고 동시에 중등도의 척추 신경근장해가 남은 사람, 척주에 경미한 기능장해나 중등도의 변형장해가 남고 동시에 고도의 척추 신경근장해가 남은 사람 또는 척주에 극도의 척추 신경근장해가 남은 사람 18. 외모에 고도의 흉터가 남은 사람

등급	보상 금액	후유장해
10급	3,750만원	1. 한 눈의 시력이 0.1이하로 된 사람 2. 한 눈의 눈꺼풀에 뚜렷한 결손이 남은 사람 3. 코에 중증도의 결손이 남은 사람 4. 말하는 기능 또는 음식물을 씹는 기능에 장해가 남은 사람 5. 14개 이상의 치아에 대하여 치아보철을 한 사람 6. 한 귀의 청력이 귀에 입을 대고 말하지 아니하면 큰 말소리를 알아듣지 못하게 된 사람 7. 두 귀의 청력이 모두 1미터 이상의 거리에서 보통의 말소리를 알아듣지 못하게 된 사람 8. 한 손의 둘째손가락을 잃은 사람 또는 엄지손가락과 둘째 손가락외의 2개의 손가락을 잃은 사람 9. 한 손의 엄지손가락을 제대로 못쓰게 된 사람 또는 둘째손가락을 포함하여 2개의 손가락을 제대로 못쓰게 된 사람 또는 엄지손가락과 둘째손가락외의 3개의 손가락을 제대로 못쓰게 된 사람 10. 한 다리가 3센티미터 이상 짧아진 사람 11. 한 발의 엄지발가락 또는 그 외의 4개의 발가락을 잃은 사람 12. 한 팔의 3대 관절 중의 1개 관절의 기능에 뚜렷한 장해가 남은 사람 13. 한 다리의 3대 관절 중의 1개 관절의 기능에 뚜렷한 장해가 남은 사람 14. 척주에 중등도의 기능장해가 남은 사람, 척주에 고도의 변형장해가 남은 사람, 척주에 경미한 기능장해나 중등도의 변형장해가 남고 동시에 중등도의 척추 신경근장해가 남은 사람 또는 척주에 고도의 척추 신경근 장해가 남은 사람

등급	보상 금액	후유장해
11급	3,000만원	1. 두 눈이 모두 안구의 조절기능에 뚜렷한 장해가 남거나 또는 뚜렷한 운동기능장해가 남은 사람 2. 두 눈의 눈꺼풀에 뚜렷한 운동기능장해가 남은 사람 3. 두 눈의 눈꺼풀의 일부가 결손 된 사람 4. 한 귀의 청력이 40센티미터 이상의 거리에서는 보통의 말소리를 알아듣지 못하게 된 사람 5. 두 뒤의 청력이 모두 1미터 이상의 거리에서는 작은 말소리를 알아듣지 못하게 된 사람 6. 두 귀의 귓바퀴에 고도의 결손이 남은 사람 7. 척주에 경도의 기능장해가 남은 사람, 척주에 고도의 변형장해가 남은 사람, 척주에 경미한 기능장해나 중등도의 변형장해가 남고 동시에 경도의 척추 신경근장해가 남은 사람 또는 척주에 중등도의 척추 신경근장해가 남은 사람 8. 한 손의 가운데 손가락 또는 넷째손가락을 잃은 사람 9. 한 손의 둘째손가락을 제대로 못쓰게 된 사람 또는 엄지손가락과 둘째손가락외의 2개의 손가락을 제대로 못쓰게 된 사람 10. 한 발의 엄지발가락을 포함하여 2개 이상의 발가락을 제대로 못쓰게 된 사람 11. 흉복부장기의 기능에 장해가 남은 사람 12. 10개 이상의 치아에 대하여 치아보철을 한 사람 13. 외모에 중등도의 흉터가 남은 사람 14. 두 팔의 노출된 면에 극도의 흉터가 남은 사람 15. 두 다리의 노출된 면에 극도의 흉터가 남은 사람

등급	보상 금액	후유장해
12급	2,500만원	1. 한 눈의 안구의 조절기능에 뚜렷한 장해가 남거나 뚜렷한 운동기능장해가 남은 사람 2. 한 눈의 눈꺼풀에 뚜렷한 운동기능장해가 남은 사람 3. 한 눈의 눈꺼풀의 일부가 결손 된 사람 4. 7개 이상의 치아에 대하여 치아보철을 한 사람 5. 한 귀의 귓바퀴에 고도의 결손이 남은 사람 또는 두 귀의 귓바퀴에 중등도의 결손이 남은 사람 6. 코에 경도의 결손이 남은 사람 7. 코로 숨쉬기가 곤란하게 된 사람 또는 냄새를 맡지 못하게 된 사람 8. 쇄골·흉골·늑골·견갑골 또는 골반골에 뚜렷한 변형이 남은 사람 9. 한 팔의 3대 관절 중의 1개 관절의 기능에 장해가 남은 사람 10. 한 다리의 3대 관절 중의 1개 관절의 기능에 장해가 남은 사람 11. 장관골에 변형이 남은 사람 12. 한 손의 가운데손가락 또는 넷째손가락을 제대로 못쓰게 된 사람 13. 한 발의 둘째발가락을 잃은 사람 또는 둘째발가락을 포함하여 2개의 발가락을 잃은 사람 또는 가운데발가락 이하의 3개의 발가락을 잃은 사람 14. 한 발의 엄지발가락 또는 그 외의 4개의 발가락을 제대로 못쓰게 된 사람 15. 국부에 심한 신경증상이 남은 사람 16. 척주에 경미한 기능장해가 남은 사람, 척주에 중등도의 변형장해가 남은 사람 또는 척주에 경도의 척추 신경근장해가 남은 사람 17. 두 팔의 노출된 면에 고도의 흉터가 남은 사람 18. 두 다리의 노출된 면에 고도의 흉터가 남은 사람

등급	보상 금액	후유장해
13급	2,000만원	1. 한 눈의 시력이 0.6이하로 된 사람 2. 한 눈에 반맹증 또는 시야협착이 남은 사람 3. 한 귀의 귓바퀴에 중등도의 결손이 남은 사람 또는 두 귀의 귓바퀴에 경도의 결손이 남은 사람 4. 5개 이상의 치아에 대하여 치아보철을 한 사람 5. 한 손의 새끼손가락을 잃은 사람 6. 한 손의 엄지손가락 뼈의 일부를 잃은 사람 7. 한 손의 둘째손가락 뼈의 일부를 잃은 사람 8. 한 손의 둘째손가락의 끝관절을 굽혔다 폈다 할 수 없게 된 사람 9. 한 다리가 1센티미터 이상 짧아진 사람 10. 한 발의 가운데발가락 이하의 1개 또는 2개의 발가락을 잃은 사람 11. 한 발의 둘째발가락을 제대로 못쓰게 된 사람 또는 둘째발가락을 포함하여 2개의 발가락을 제대로 못쓰게 된 사람 또는 가운데발가락 이하의 3개의 발가락을 제대로 못쓰게 된 사람 12. 척주에 경도의 변형장해가 남은 사람 또는 척중의 수상 부위에 기질적 변화가 남은 사람 13. 외모에 경도의 흉터가 남은 사람 14. 두 팔의 노출된 면에 중등도의 흉터가 남은 사람 15. 두 다리의 노출된 면에 중등도의 흉터가 남은 사람
14급	1,250만원	1. 한 귀의 청력이 1미터 이상의 거리에서는 작은 말소리를 알아듣지 못하게 된 사람 2. 한 귀의 귓바퀴에 경도의 결손이 남은 사람 3. 3개 이상의 치아에 치아보철을 한 사람 4. 두 팔의 노출된 면에 경도의 흉터가 남은 사람 5. 두 다리의 노출된 면에 경도의 흉터가 남은 사람 6. 한 손의 새끼손가락을 제대로 못쓰게 된 사람 7. 한 손의 엄지손가락과 둘째손가락외의 손가락 뼈의 일부를 잃은 사람 8. 한 손의 엄지손가락과 둘째손가락외의 손가락 끝관절을 굽혔다 폈다 할 수 없게 된 사람 9. 한 발의 가운데발가락 이하의 1개 또는 2개의 발가락을 제대로 못쓰게 된 사람 10. 국부에 신경증상이 남은 사람 11. 척주에 경미한 변형장해가 남은 사람 또는 척추의 수상 부위에 비기질적 변화가 남은 사람

※ 비고

1. 시력의 측정은 국제식 시력표에 의하며, 굴절이상이 있는 사람에 대하여는 원칙적으로 교정시력을 측정한다.

2. 손가락을 잃은 것이란 엄지손가락에 있어서는 지관절, 기타의 손가락에 있어서는 제1관절이상을 잃은 경우를 말한다.

3. 손가락을 제대로 못쓰게 된 것이란 손가락의 밀단의 2분의 1이상을 잃거나 중수지관절 또는 제1지관절(엄지손가락에 있어서는 지관절)에 뚜렷한 운동장애가 남은 경우를 말한다.

4. 발가락을 잃은 것이란 발가락의 전부를 잃은 경우를 말한다.

5. 발가락을 제대로 못쓰게 된 것이란 엄지발가락에 있어서는 말절의 2분의 1이상, 기타의 발가락에 있어서는 끝관절 이상을 잃은 경우 또는 중족지관절 또는 제1지관절(엄지발가락에 있어서는 지관절)에 뚜렷한 운동장애가 남은 경우를 말한다.

6. 흉터가 남은 것이란 성형수술을 하였어도 육안으로 식별이 가능한 흔적이 있는 상태를 말한다.

7. 항상 간병을 받아야 하는 것은 일상생활에서 기본적인 음식섭취, 배뇨 등을 타인에게 의존하여야 하는 것을 말한다.

8. 수시로 간병을 받아야 하는 것은 일상생활에서 기본적인 음식섭취, 배뇨 등은 가능하나 그 외의 일을 타인에게 의존해야 하는 것을 말한다.

9. 항상간병 또는 수시간병의 기간은 의사가 판정하는 노동능력상실 기간을 기준으로 하여 타당한 기간으로 한다.

10. '제대로 못쓰게 된 것'이란 정상기능의 4분의 3이상을 상실한 경우를 말하고, 뚜렷한 장해가 남은 것이란 정상 기능의 2분의 1 이상을 상실한 경우를 말하며, 장해가 남은 것이란 정상기능의 4분의 1이상을 상실한 경우를 말한다.

11. 신경계통의 기능 또는 정신기능에 뚜렷한 장해가 남아 특별히 손쉬운 노무 외에는 종사할 수 없는 것'이란 신경계통의 기능 또는 정신기능의 뚜렷한 장해로 노동능력이 일반인의 4분의 1 정도만 남아 평생 동안 특별히 쉬운 일 이외에는 노동을 할 수 없는 사람을 말한다.

12. '신경계통의 기능 또는 정신기능에 장해가 남아 노무가 상당한 정도로 제한된 것'이란 노동능력이 어느 정도 남아 있으나 신경계통의 기능 또는 정신기능의 장해로 종사할 수 있는 직종의 범위가 상당한 정도로 제한된 경우로서 다음 각 목의 어느 하나에 해당되는 경우를 말한다.

　　가. 신체적 능력은 정상이지만 뇌손상에 따른 정신적 결손능력이 인정되는 경우

나. 전간(癲癎) 발작과 현기증이 나타날 가능성이 의학적, 타각적(他覺的) 소견으로 증명되는 사람

다. 사지에 경도(經渡)의 단마비(單麻痺)가 인정되는 사람

13. '흉복부 장기의 기능에 뚜렷한 장해가 남아 특별히 손쉬운 노무 외에는 종사할 수 없는 것'이란 흉복부 장기의 장해로 노동능력이 일반인의 4분의 1 정도만 남은 경우를 말한다.

14. '흉복부 장기의 기능에 장해가 남아 손쉬운 노무 외에는 종사할 수 없는 것'이란 중등도의 흉복부 장기의 장해로 노동능력이 일반인의 2분의 1정도만 남은 경우를 말한다.

15. '흉복부 장기의 기능에 장해가 남아 노무가 상당한 정도로 제한된 것'이란 중등도의 흉복부 장기의 장해로 취업가능한 직종의 범위가 상당한 정도로 제한된 경우를 말한다.

16. 장해등급의 기준에 해당하는 장해가 둘 이상 있는 경우에는 그 중 심한 장해에 해당하는 장해등급을 그 연구활동종사자의 장해등급으로 하되, 제13급 이상의 장해가 둘 이상 있는 경우에는 다음 각 목의 구분에 따라 조정된 장해등급을 그 연구활동종사자의 장해등급으로 한다. 다만, 조정의 결과 산술적으로 제1급을 초과하게 되는 경우에는 제1급을 그 연구활동종사자의 장해등급으로 하고, 그 장해의 정도가 조정된 등급에 규정된 다른 장해의 정도에 비하여 명백히 낮다고 인정되는 경우에는 조정된 등급보다 1개 등급 낮은 등급을 그 연구활동종사자의 장해등급으로 한다.

가. 제5급 이상에 해당하는 장해가 둘 이상 있는 경우에는 3개 등급 상향 조정

나. 제8급 이상에 해당하는 장해가 둘 이상 있는 경우에는 2개 등급 상향 조정

다. 제13급 이상에 해당하는 장해가 둘 이상 있는 경우에는 1개 등급 상향 조정

17. 상기 규정되지 아니한 장해가 있을 때에는 같은 표 중 그 장해와 비슷한 장해에 해당하는 장해등급으로 결정한다.

다. 입원급여: 입원 1일당 5만원 이상

라. 유족급여: 2억원 이상

마. 장의비: 1천만원 이상

④ 보험가입 대상 제외

다음의 어느 하나에 해당하는 법률에 따라 3 보험가입 기준을 충족하는 보상이 이루어지는 연구활동종사자는 보험가입 대상에서 제외

① 「산업재해보상보험법」
② 「공무원 재해보상법」
③ 「사립학교교직원 연금법」
④ 「군인연금법」

⑤ 보험급여의 지급

① 요양급여

  가. 연구활동종사자가 연구실사고로 발생한 부상 또는 질병 등으로 인하여 의료비를 실제로 부담한 경우에 지급

  나. 긴급하거나 그 밖의 부득이한 사유가 있을 때에는 해당 연구활동종사자의 청구를 받아 요양급여를 미리 지급할 수 있음

② 장해급여

  가. 장해급여는 연구활동종사자가 연구실사고로 후유장해가 발생한 경우에 지급

③ 입원급여

  가. 연구활동종사자가 연구실사고로 발생한 부상 또는 질병 등으로 인하여 의료기관에 입원을 한 경우에 입원일부터 계산하여 실제 입원일수에 따라 지급

  나. 입원일수가 3일 이내이면 지급하지 않을 수 있고, 입원일수가 30일 이상인 경우에는 최소한 30일에 해당하는 금액은 지급하여야 함

④ 유족급여

  가. 연구활동종사자가 연구실사고로 인하여 사망한 경우에 지급

⑤ 장의비

　가. 연구활동종사자가 연구실사고로 인하여 사망한 경우에 그 장례를 지낸 사람에게 지급

⑥ 두 종류 이상의 보험급여 지급기준

① 부상 또는 질병 등이 발생한 사람이 치료 중에 그 부상 또는 질병 등이 원인이 되어 사망한 경우: 요양급여, 입원급여, 유족급여 및 장의비를 합산한 금액

② 부상 또는 질병 등이 발생한 사람에게 후유장해가 발생한 경우: 요양급여, 장해급여 및 입원급여를 합산한 금액

③ 후유장해가 발생한 사람이 그 후유장해가 원인이 되어 사망한 경우: 유족급여 및 장의비에서 장해급여를 공제한 금액

⑦ 보험가입 내용 제출 요청(과학기술정보통신부장관 → 연구주체의 장)

① 과학기술정보통신부장관은 연구주체의 장이 보험에 가입했을 때에는 가입 내용을 제출하도록 요청할 수 있음

②「기초연구진흥 및 기술개발지원에 관한 법률」제14조의2제2항에 따라 기업부설연구소 또는 연구개발전담부서 인정을 신청할 때「연구실안전법」제26조제1항에 따른 보험가입에 관한 사항이 포함된 경우에는 그 신청으로 제출을 갈음할 수 있음

⑧ 보험가입 내용의 제출

① 연구주체의 장은 보험가입 내용의 제출을 요청받은 경우에는 매년 4월 30일까지 보험가입 보고서[48]에 보험증서 사본을 첨부하여 과학기술정보통신부장관에게 제출하여야 함

⑨ 보험가입 내용 제출 요청(과학기술정보통신부장관 → 보험회사)

과학기술정보통신부장관은 연구주체의 장이 가입한 보험회사에 대하여 다음의 사항에 대한 자료를 제출하도록 할 수 있음

① 해당 보험회사에 가입된 대학·연구기관등 또는 연구실의 현황

② 대학·연구기관등 또는 연구실별로 보험에 가입된 연구활동종사자의 수, 보험가입 금액, 보험기간 및 보상금액

③ 해당 보험회사가 연구실사고에 대하여 이미 보상한 사례가 있는 경우에는 보상받은 대학·연구기관등 또는 연구실의 현황, 보상받은 연구활동종사자의 수, 보상금액 및 연구실사고 내용

⑩ 벌칙

위반행위	근거 법조문	과태료 금액(만원)		
		1차 위반	2차 위반	3차 이상 위반
러. 법 제26조제1항에 따른 보험에 가입하지 않은 경우	법 제46조제1항제2호	1,000	1,200	1,500

---

48) 연구실 안전환경 조성에 관한 법률 시행규칙 [별지 제7호서식]

참고 11 | 보험가입 신고서

■ 연구실 안전환경 조성에 관한 법률 시행규칙 [별지 제7호서식]

보험가입 보고서

보고인	기관명		대표자 성명	
	소재지 (전화번호:　　　　　　　　　　)			

보험가입 내용	보험회사명		가입 연월일	
	보험명		보험기간	
	가입금액		가입 대상자 수	
	사망 보상한도	후유장애 보상한도		상해 보상한도

「연구실 안전환경 조성에 관한 법률」 제26조제1항, 같은 법 시행령 제19조제3항 및 같은 법 시행규칙 제16조에 따라 위와 같이 보고합니다.

년　　　월　　　일

보고인(연구주체의 장)　　　　　　　　　　　(서명 또는 인)

과학기술정보통신부장관 귀하

첨부서류	보험증서 사본 1부	수수료 없음

210mm×297mm[백상지 80g/㎡]

4-5

안전관리 우수연구실 인증제(연구실안전법 제28조)

① 개요

과학기술정보통신부장관은 연구실의 안전관리 역량을 강화하고 표준모델을 발굴·확산하기 위하여 안전관리 우수연구실 인증을 할 수 있음

② 인증 신청

① 안전관리 우수연구실 인증을 받으려는 연구주체의 장은 인증신청서[49]에 다음의 서류를 첨부하여 과학기술정보통신부장관에게 제출

　가. 「기초연구진흥 및 기술개발지원에 관한 법률」제14조의2제1항에 따라 인정받은 기업부설연구소 또는 연구개발전담부서의 경우에는 인정서 사본

　나. 연구활동종사자 현황

　다. 연구과제 수행 현황

　라. 연구장비, 안전설비 및 위험물질 보유 현황

　마. 연구실 배치도

　바. 연구실 안전환경 관리체계 및 연구실 안전환경 관계자의 안전의식 확인을 위해 필요한 서류(과학기술정보통신부장관이 해당 서류를 정하여 고시한 경우만 해당)

② 인증신청서를 제출받은 과학기술정보통신부장관은 「전자정부법」제36조제1항에 따른 행정정보의 공동이용을 통하여 사업자등록증과 법인 등기사항증명서를 확인. 다만, 신청인이 사업자등록증의 확인에 동의하지 않는 경우에는 그 사본을 첨부하도록 하여야 함

---

49) 연구실 안전환경 조성에 관한 법률 시행규칙 [별지 제8호서식]

③ 인증 기준

① 연구실 운영규정, 연구실 안전환경 목표 및 추진계획 등 연구실 안전환경 관리
체계가 우수하게 구축되어 있을 것

② 연구실 안전점검 및 교육 계획·실시 등 연구실 안전환경 구축·관리 활동 실적이
우수할 것

③ 연구주체의 장, 연구실책임자 및 연구활동종사자 등 연구실 안전환경 관계자의
안전의식이 형성되어 있을 것

인증심사 분야	분야별 총점	인증심사 세부항목	배점
연구실 안전환경 시스템분야	30	운영법규 등 검토	3
		목표 및 추진계획	3
		사전유해인자위험분석	3
		조직 및 연구실책임자	3
		교육, 훈련 및 자격	3
		의사소통 및 정보제공	2
		문서화 및 문서관리	2
		비상 시 대비 및 대응	3
		성과측정 및 모니터링	2
		시정조치 및 예방조치	1
		내부심사	3
		연구주체의 장의 검토 및 반영	2

인증심사 분야	분야별 총점	인증심사 세부항목	배점
연구실 안전환경 활동 수준분야 [세부항목 중 해당사항 없는 경우 제외]	50	연구실의 안전환경 일반	4
		안전검사 및 안전점검 실시	4
		연구실 안전환경 교육 실시	4
		비상시 사고 대비 대응 활동	4
		연구활동종사자 보험관리 및 건강관리	4
		개인보호구지급 및 관리	4
		화재·폭발 예방	4
		가스안전	4
		연구실 환경·보건 관리	4
		화공안전	4
		실험 기계·기구 안전	3
		전기안전	4
		생물안전	3
연구실 안전관리 관계자 안전의식 분야	20	연구주체의 장	5
		연구실책임자	5
		연구활동종사자	5
		연구실안전환경관리자	5

※ 각 분야별로 100분의 80이상을 득점한 경우에 한하여 인증 결정을 할 수 있음

④ 인증 심사

① 인증신청을 받은 과학기술정보통신부장관은 해당 연구실이 인증 기준에 적합한
지를 확인하기 위하여 연구실 안전 분야 전문가 등으로 구성된 인증심사위원회
의 심의를 거쳐 인증 여부 결정

② 과학기술정보통신부장관은 인증 심사를 한 결과 해당 연구실이 인증 기준에 적
합한 경우에는 과학기술정보통신부령으로 정하는 인증서를 발급

③ 인증의 유효기간은 인증을 받은 날부터 2년

⑤ 재인증

인증을 받은 연구실이 인증의 유효기간이 지나기 전에 다시 인증을 받으려는 경우
에는 유효기간 만료일 60일 전까지 과학기술정보통신부장관에게 인증을 신청

⑥ 인증표시의 활용

인증을 받은 연구실은 과학기술정보통신부령으로 정하는 인증표시를 해당 연구실
에 게시하거나 해당 연구실의 홍보 등에 사용할 수 있음

참고 12 │ 안전관리 우수실 인증, 재인증 신청서

■ 연구실 안전환경 조성에 관한 법률 시행규칙 [별지 제8호서식]

안전관리 우수연구실 [ ] 인증   신청서
[ ] 재인증

※ [ ]에는 해당되는 곳에 √표를 합니다.
(앞쪽)

접수번호		접수일		처리기간	30일

기관 현황	기관명				
	사업자등록번호 (법인등록번호)		대표자명		
	소재지				
	기관 유형	[ ]종합대학 [ ]정부출연연구소	[ ]전문대학(기능대학) [ ]기업부설연구소 [ ]연구개발전담부서	[ ]국·공립연구소 [ ]그 밖의 기관	

담당자	부서명	성명/직책
	전화번호	휴대전화번호
	팩스번호	전자우편

연구실 현황	연구실명	
	연구실책임자명/직책	전화번호
	전자우편	연구활동종사자 수

「연구실 안전환경 조성에 관한 법률」 제28조제2항, 같은 법 시행령 제20조제1항·제7항 및 같은 법 시행규칙 제18조제1항에 따라 위와 같이 신청합니다.

년   월   일

신청인 성명   (서명 또는 인)

대표자 성명   (서명 또는 인)

과학기술정보통신부장관 귀하

신청인 제출서류	1. 기업부설연구소 또는 연구개발전담부서의 경우 인정서 사본 1부 2. 연구활동종사자 현황 1부 3. 연구과제 수행 현황 1부 4. 연구장비, 안전설비 및 위험물질 보유 현황 1부 5. 연구실 배치도 1부 6. 연구실 안전환경 관리체계 및 연구실 안전환경 관계자의 안전의식 확인을 위해 필요한 서류(과학기술정보통신부장관이 해당 서류를 정하여 고시한 경우만 해당합니다)	수수료 없음
담당 공무원 확인사항	1. 사업자등록증 2. 법인 등기사항증명서	

행정정보 공동이용 동의서
본인은 이 건 업무처리와 관련하여 담당 직원이 「전자정부법」 제36조에 따른 행정정보의 공동이용을 통하여 위의 담당 공무원 확인사항 중 사업자등록증을 확인하는 것에 동의합니다. *동의하지 않는 경우에는 신청인이 직접 관련 서류를 제출해야 합니다. <div align="center">신청인　　　　　　　　　　　　　　　(서명 또는 인)</div>

참고 13 | 안전관리 우수연구실 인증서

인증 제 - 호

안전관리 우수연구실 인증서

1. 기관명:

2. 연구실명:

3. 소재지:

4. 인증일 및 유효기간:

위 연구실을 「연구실 안전환경 조성에 관한 법률」 제28조제1항, 같은 법 시행령 제20조제5항 및 같은 법 시행규칙 제18조제3항에 따라 안전관리 우수연구실로 인증합니다.

년 월 일

과학기술정보통신부장관 　직인

참고 14 | 안전관리 우수연구실 인증표시

1. 도안모형

인증표시 사용 가능 최소크기 10mm

※ 비고: 해당 표시의 의미
- 이 표시는 안전관리 우수연구실 인증을 받는 연구실의 안전관리 우수성을 상징합니다.
- 이 표시는 과학기술정보통신부와 대학·연구기관등의 연구실이 협력하여 안전한 연구실 환경을 만들어 나간다는 의지를 반영합니다.
- 표시 중앙의 "SL"이란 "Safety Laboratory"의 약자이며, 안전한 연구환경을 상징하는 파란색과 녹색의 그라데이션으로 표현합니다.
- "Safety Laboratory" 왼쪽 다섯 개의 선(線)은 과학기술정보통신부와 연구주체의 장, 연구실안전환경관리자, 연구실책임자, 연구활동종사자가 안전한 연구실을 위해 함께 노력한다는 의미를 표현합니다.

2. 도안요령
가. 표시는 이미지 변질이나 왜곡이 없도록 하며 비례 규정에 따라 정확히 사용해야 합니다.
나. 표시는 원칙적으로 사진제판방식과 슬라이드에 의한 투사복제방식에 따라 사용해야 합니다.
다. 인증표시 1도 사용(예)

- 신문 광고 등에 흑백 1도로 인증표시를 사용할 때에는 위의 표시를 사용하며, 재현 시 위에서 보여주는 색상과 동일하게 재현시키도록 합니다.

제 5 장

연구실 안전환경 조성을 위한 지원 등

5-1

대학·연구기관등에 대한 지원(연구실안전법 제29조)

① 개요

국가는 다음 각 호에 해당하는 기관 또는 단체 등에 대하여 연구실의 안전환경 조성에 필요한 비용의 전부 또는 일부를 지원할 수 있음

① 대학·연구기관등

② 연구실 안전관리와 관련 있는 연구 또는 사업을 추진하는 비영리 법인 또는 단체

② 지원대상의 범위

과학기술정보통신부장관은 기관 또는 법인·단체 등이 다음의 연구 또는 사업 등을 수행하는 데 필요한 비용의 전부 또는 일부를 지원할 수 있음

① 연구실 안전관리 정책·제도개선, 안전관리 기준 등에 대한 연구, 개발 및 보급

② 연구실 안전 교육자료 연구, 발간, 보급 및 교육

③ 연구실 안전 네트워크 구축·운영

④ 연구실 안전점검·정밀안전진단 실시 또는 관련 기술·기준의 개발 및 고도화

⑤ 연구실 안전의식 제고를 위한 홍보 등 안전문화 확산

⑥ 연구실사고의 조사, 원인 분석, 안전대책 수립 및 사례 전파

⑦ 그 밖에 연구실의 안전환경 조성 및 기반 구축을 위한 사업

5-2
권역별연구안전지원센터의 지정·운영(연구실안전법 제30조)

① 개요

과학기술정보통신부장관은 효율적인 연구실 안전관리 및 연구실사고에 대한 신속한 대응을 위하여 권역별연구안전지원센터를 지정할 수 있음

② 지정 신청

권역별연구안전지원센터로 지정받으려는 자는 지정신청서[50]에 다음의 서류를 첨부하여 과학기술정보통신부장관에게 제출

① 사업 수행에 필요한 인력 보유 및 시설 현황

② 센터 운영규정

③ 사업계획서

④ 그 밖에 연구실 현장 안전관리 및 신속한 사고 대응과 관련하여 과학기술정보통신부장관이 공고하는 서류

③ 지정 요건

① 기술인력: 다음 각 목의 어느 하나에 해당하는 사람을 2명 이상 갖출 것

　가. 다음의 어느 하나에 해당하는 분야의 기술사 자격 또는 박사학위를 취득한 후 안전 업무 경력

　　이 1년 이상인 사람

---

50) 연구실 안전환경 조성에 관한 법률 시행규칙 [별지 제10호서식]

1) 안전

2) 기계

3) 전기

4) 화공

5) 산업위생 또는 보건위생

6) 생물

나. 가목1)부터 6)까지에 따른 규정 중 어느 하나에 해당하는 분야의 기사 자격 또는 석사학위를 취득한 후 안전 업무 경력이 3년 이상인 사람

다. 가목1)부터 6)까지에 따른 규정 중 어느 하나에 해당하는 분야의 산업기사 자격을 취득한 후 안전 업무 경력이 5년 이상인 사람

② 권역별연구안전지원센터의 운영을 위한 자체규정을 마련할 것

③ 권역별연구안전지원센터의 업무 추진을 위한 사무실을 확보할 것

④ 수행 업무

① 연구실사고 발생 시 사고 현황 파악 및 수습 지원 등 신속한 사고 대응에 관한 업무

② 연구실 위험요인 관리실태 점검·분석 및 개선에 관한 업무

③ 제1호 및 제2호의 업무 수행에 필요한 전문인력 양성 및 대학·연구기관등에 대한 안전관리 기술 지원에 관한 업무

④ 연구실 안전관리 기술, 기준, 정책 및 제도 개발·개선에 관한 업무

⑤ 연구실 안전의식 제고를 위한 연구실 안전문화 확산에 관한 업무

⑥ 정부와 대학·연구기관등 상호 간 연구실 안전환경 관련 협력에 관한 업무

⑦ 연구실 안전교육 교재 및 프로그램 개발·운영에 관한 업무

⑧ 그 밖에 과학기술정보통신부장관이 정하는 연구실 안전환경 조성에 관한 업무

⑤ 행정 사항

① 과학기술정보통신부장관은 센터가 제4항에 따른 업무를 수행하는 데에 필요한 예산 등을 지원할 수 있음

② 센터는 해당 연도의 사업계획과 전년도 사업 추진 실적을 과학기술정보통신부 장관에게 매년 제출하여야 함

5-3

검사(연구실안전법 제31조)

① 개요

과학기술정보통신부장관은 관계 공무원으로 하여금 대학·연구기관등의 연구실 안
전관리 현황과 관련 서류 등을 검사하게 할 수 있음

② 검사의 통보

① 과학기술정보통신부장관은 검사를 하는 경우에는 연구주체의 장에게 검사의
목적, 필요성 및 범위 등을 사전에 통보하여야 함

② 연구실사고 발생 등 긴급을 요하거나 사전 통보 시 증거인멸의 우려가 있어 검
사 목적을 달성할 수 없다고 인정되는 경우에는 제외

③ 협조의 의무

연구주체의 장은 검사에 적극 협조하여야 하며, 정당한 사유 없이 이를 거부하거
나 방해 또는 기피하여서는 안됨

5-4

증표 제시(연구실안전법 제32조)

① 개요

관계공무원이 연구실사고 조사[51]를 실시하거나 관련 서류를 검사[52]하는 경우 관계 공무원 또는 관련 전문가는 그 권한을 표시하는 증표를 지니고 이를 관계인에게 내보여야 함

② 증표의 서식

증표의 서식은 다음과 같이 구분

① 법 제24조에 따른 사고조사반원증

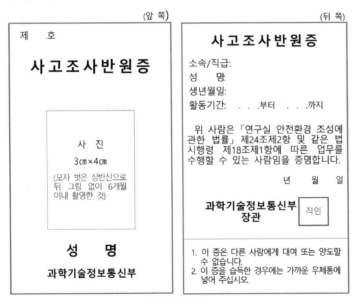

(색상: 연하늘색)

---

51) 연구실 안전환경 조성에 관한 법률 제24조【연구실사고 조사의 실시】
52) 연구실 안전환경 조성에 관한 법률 제31조【검사】

② 법 제31조에 따른 검사원증

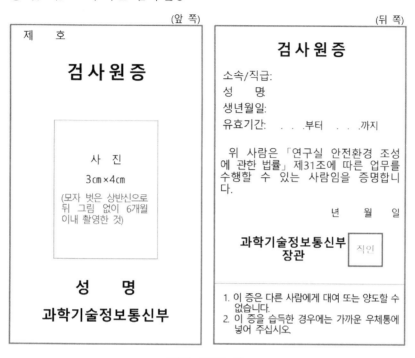

(앞 쪽)

제 호

검 사 원 증

사 진

3cm×4cm

(모자 벗은 상반신으로
뒤 그림 없이 6개월
이내 촬영한 것)

성 명

과학기술정보통신부

(뒤 쪽)

검 사 원 증

소속/직급:

성 명

생년월일:

유효기간: . . .부터 . . .까지

위 사람은 「연구실 안전환경 조성
에 관한 법률」 제31조에 따른 업무를
수행할 수 있는 사람임을 증명합니
다.

년 월 일

**과학기술정보통신부
장관** 직인

1. 이 증은 다른 사람에게 대여 또는 양도할 수
   없습니다.
2. 이 증을 습득한 경우에는 가까운 우체통에
   넣어 주십시오.

(색상: 연하늘색)

5-5

시정명령(연구실안전법 제33조)

① 개요

과학기술정보통신부장관은 법령에서 정하는 사유 발생 시 연구주체의 장에게 일정한 기간을 정하여 시정을 명하거나 그 밖에 필요한 조치를 명할 수 있음

② 시정명령 대상

① 법 제8조제6항에 따른 연구실안전정보시스템의 구축과 관련하여 필요한 자료를 제출하지 아니하거나 거짓으로 제출한 경우

② 법 제11조제1항을 위반하여 연구실안전관리위원회를 구성·운영하지 아니한 경우

③ 법 제18조를 위반하여 안전점검 또는 정밀안전진단 업무를 성실하게 수행하지 아니한 경우

④ 법 제20조제2항을 위반하여 연구활동종사자에 대한 교육·훈련을 성실하게 실시하지 아니한 경우

⑤ 법 제21조제1항을 위반하여 연구활동종사자에 대한 건강검진을 성실하게 실시하지 아니한 경우

⑥ 법 제25조제1항·제2항을 위반하여 안전을 위하여 필요한 조치를 취하지 아니하였거나 안전조치가 미흡하여 추가조치가 필요한 경우

⑦ 법 제31조제1항에 따른 검사에 필요한 서류 등을 제출하지 아니하거나 검사 결과 연구활동종사자나 공중의 위험을 발생시킬 우려가 있는 경우

③ 시정조치 및 보고

시정명령을 받은 사람은 그 기간 내에 시정조치를 하고, 그 결과를 과학기술정보통신부장관에게 보고하여야 함

④ 벌칙

위반행위	근거 법조문	과태료 금액(만원)		
		1차 위반	2차 위반	3차 이상 위반
머. 법 제33조제1항에 따른 명령을 위반한 경우	법 제46조제3항제14호	250	300	400

이해하기 쉬운
연구실안전법

제 6 장

기타

6-1

연구실안전관리사(연구실안전법 제34조)
[2022. 6. 10. 시행]

① 자격 및 시험

① 연구실안전관리사가 되려는 사람은 과학기술정보통신부장관이 실시하는 연구실안전관리사 자격시험에 합격하여야 하며, 과학기술정보통신부장관은 연구실안전관리사 시험에 합격한 사람에게 자격증을 발급하여야 함

② 자격을 취득한 연구실안전관리사는 직무를 수행하려면 과학기술정보통신부장관이 실시하는 교육·훈련을 이수하여야 함

② 연구실안전관리사의 직무

① 연구시설·장비·재료 등에 대한 안전점검·정밀안전진단 및 관리

② 연구실 내 유해인자에 관한 취급 관리 및 기술적 지도·조언

③ 연구실 안전관리 및 연구실 환경 개선 지도

④ 연구실사고 대응 및 사후 관리 지도

⑤ 그 밖에 연구실 안전에 관한 사항으로서 대통령령으로 정하는 사항

③ 결격사유

다음 각 호의 어느 하나에 해당하는 사람은 연구실안전관리사가 될 수 없음

① 미성년자, 피성년후견인 또는 피한정후견인

② 파산선고를 받고 복권되지 아니한 사람

③ 금고 이상의 실형을 선고받고 그 집행이 끝나거나(집행이 끝난 것으로 보는 경우를 포함) 집행을 받지 아니하기로 확정된 날부터 2년이 지나지 아니한 사람

④ 금고 이상의 형의 집행유예를 선고받고 그 유예기간 중에 있는 사람

⑤ 연구실안전관리사 자격이 취소된 후 3년이 지나지 아니한 사람

6-2
신고(연구실안전법 제39조)

① 개요

연구활동종사자는 연구실에서 이 법 또는 이 법에 따른 명령을 위반한 사실이 발생한 경우 그 사실을 과학기술정보통신부장관에게 신고할 수 있음

② 불리한 처우 금지

연구주체의 장은 신고를 이유로 해당 연구활동종사자에 대하여 불리한 처우를 하여서는 안됨

6-3
비밀 유지(연구실안전법 제40조)

① 점검·진단 시 비밀 유지

안전점검 또는 정밀안전진단을 실시하는 사람은 업무상 알게 된 비밀을 제3자에게
제공 또는 도용하거나 목적 외의 용도로 사용하여서는 안됨. 다만, 연구실의 안전관
리를 위하여 과학기술정보통신부장관이 필요하다고 인정할 때에는 그러하지 아니함

② 연구실안전관리사 비밀 유지

자격을 취득한 연구실안전관리사는 그 직무상 알게 된 비밀을 누설하거나 도용하
여서는 안됨

③ 벌칙

> ◆ **연구실안전법 제44조【벌칙】**
>
> 제40조를 위반하여 직무상 알게 된 비밀을 제3자에게 제공 또는 도용하거나 목적 외의 용도로 사용한 자는 1년 이하의 징역이나 1천만원 이하의 벌금에 처한다.
>
> ◆ **연구실안전법 제45조【양벌규정】**
>
> ① 법인의 대표자나 법인 또는 개인의 대리인, 사용인, 그 밖의 종업원이 그 법인 또는 개인의 업무에 관하여 제43조제1항 또는 제44조의 위반행위를 하면 그 행위자를 벌하는 외에 그 법인 또는 개인에게도 해당 조문의 벌금형을 과(科)한다. 다만, 법인 또는 개인이 그 위반행위를 방지하기 위하여 해당 업무에 관하여 상당한 주의와 감독을 게을리하지 아니한 경우에는 그러하지 아니하다.
>
> ② 법인의 대표자나 법인 또는 개인의 대리인, 사용인, 그 밖의 종업원이 그 법인 또는 개인의 업무에 관하여 제43조제2항의 위반행위를 하면 그 행위자를 벌하는 외에 그 법인 또는 개인에게도 1억원 이하의 벌금형을 과한다. 다만, 법인 또는 개인이 그 위반행위를 방지하기 위하여 해당 업무에 관하여 상당한 주의와 감독을 게을리하지 아니한 경우에는 그러하지 아니하다.

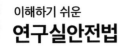

이해하기 쉬운
연구실안전법

연구실 안전환경 조성에 관한 법률 3단 조문 비교표

연구실 안전환경 조성에 관한 법률	연구실 안전환경 조성에 관한 법률 시행령	연구실 안전환경 조성에 관한 법률 시행규칙	별표, 서식 및 과학기술정보통신부 고시
제1조(목적)	제1조(목적)	제1조(목적)	
제2조(정의)		제2조(중대연구실사고의 정의)	
제3조(적용범위)	제2조(적용범위)		[시행령 별표 1] 법의 전부 또는 일부를 적용하지 않는 연구실과 그 연구실에 적용하지 않는 법 규정
제4조(국가의 책무)	제3조(연구실 안전환경 등에 대한 실태조사)		
제5조(연구주체의 장 등의 책무)			[고시] 연구실 설치운영에 관한 기준
제6조(연구실 안전환경 조성 기본계획)	제4조(연구실 안전환경 조성 기본계획의 수립·시행 등)		
제7조(연구실안전심의위원회)	제5조(연구실안전심의위원회의 구성 및 운영)		[훈령] 연구실안전심의위원회 운영규정
제8조(연구실 안전관리의 정보화)	6조(연구실안전정보 시스템의 구축·운영 등)		[고시] 연구실 안전점검 및 정밀안전진단에 관한 지침

연구실 안전환경 조성에 관한 법률	연구실 안전환경 조성에 관한 법률 시행령	연구실 안전환경 조성에 관한 법률 시행규칙	별표, 서식 및 과학기술정보통신부 고시
제9조(연구실책임자의 지정·운영)	제7조(연구실책임자의 지정)	제3조(보호구의 비치 등)	[시행규칙 별표 1] 보호구의 종류 [고시] 연구실 안전점검 및 정밀안전진단에 관한 지침
제10조(연구실안전환경관리자의 지정)	제8조(연구실안전환경관리자 지정 및 업무 등)	제4조(연구실안전환경관리자 지정내용 제출)	[시행령 별표 2] 연구실안전환경관리자의 자격기준 [시행규칙 별지 제1호서식] 연구실안전환경관리자 지정 보고서
제11조(연구실안전관리위원회)		제5조(연구실안전관리위원회의 구성 및 운영)	
제12조(안전관리규정의 작성 및 준수 등)		제6조(안전관리규정의 작성 등)	
제13조(안전점검 및 정밀안전진단 지침)	제9조(안전점검지침 및 정밀안전진단지침의 작성)		[고시] 연구실 안전점검 및 정밀안전진단에 관한 지침
제14조(안전점검의 실시)	제10조(안전점검의 실시)		[시행령 별표 3] 저위험연구실 [시행령 별표 4] 연구실 안전점검의 직접 실시요건
제15조(정밀안전진단의 실시)	제11조(정밀안전진단의 실시 등)	제7조(정기적인 정밀안전진단의 실시 등)	[시행령 별표 5] 연구실 정밀안전진단의 직접 실시요건

연구실 안전환경 조성에 관한 법률	연구실 안전환경 조성에 관한 법률 시행령	연구실 안전환경 조성에 관한 법률 시행규칙	별표, 서식 및 과학기술정보통신부 고시
제16조(안전점검 및 정밀안전진단 실시결과의 보고 및 공표)	제12조(안전점검 및 정밀안전진단 실시결과의 점검·활용 등) 제13조(연구실의 중대한 결함)		[고시] 안전점검 및 정밀안전진단 실시결과와 실태조사 등의 검토기준 및 절차 등에 관한 고시
제17조(안전점검 및 정밀안전진단 대행기관의 등록 등)	제14조(안전점검 또는 정밀안전진단 대행기관의 등록 등)	제8조(안전점검 또는 정밀안전진단 대행기관의 등록신청 등) 제9조(안전점검 및 정밀안전진단 대행기관 기술인력에 대한 교육)	[시행령 별표 6] 연구실 안전점검 대행기관의 등록요건 [시행령 별표 7] 연구실 정밀안전진단 대행기관의 등록요건 [시행령 별표 8] 안전점검 및 정밀안전진단 대행기관에 대한 처분기준 [시행규칙 별표 2] 안전점검 및 정밀안전진단 대행기관 기술인력에 대한 교육의 시간 및 내용 [시행규칙 별지 제2호서식] (안전점검, 정밀안전진단)대행기관 등록신청서 [시행규칙 별지 제3호서식] (안전점검, 정밀안전진단)대행기관 등록증 [시행규칙 별지 제4호서식] 안전점검·정밀안전진단 대행기관 등록대장 [시행규칙 별지 제5호서식] (안전점검, 정밀안전진단)대행기관 변경등록신청서

연구실 안전환경 조성에 관한 법률	연구실 안전환경 조성에 관한 법률 시행령	연구실 안전환경 조성에 관한 법률 시행규칙	별표, 서식 및 과학기술정보통신부 고시
제18조(안전점검 및 정밀안전진단 실시자의 의무 등)			
제19조(사전유해인자위험분석의 실시)	제15조(사전유해인자위험분석)		[고시] 연구실 사전유해인자위험분석 실시에 관한 지침
제20조(교육·훈련)	제16조(연구활동종사자 등에 대한 교육·훈련)	제10조(연구활동종사자 등에 대한 교육·훈련)	[시행규칙 별표 3] 연구활동종사자 교육·훈련의 시간 및 내용 [시행규칙 별표 4] 연구실 안전환경관리자 전문교육의 시간 및 내용
제21조(건강검진)		제11조(건강검진의 실시 등) 제12조(임시건강검진의 실시 등)	
제22조(비용의 부담 등)	제17조(연구실의 안전 및 유지·관리비의 계상)	제13조(안전 관련 예산의 배정)	[고시] 연구실 안전 및 유지관리비의 사용내역서 작성에 관한 세부기준
제23조(연구실사고 보고)		제14조(중대연구실사고 등의 보고 및 공표)	[시행규칙 별지 제6호서식] 연구실사고 조사표
제24조(연구실사고 조사의 실시)	제18조(사고조사반의 구성 및 운영)		[훈령] 연구실 사고조사반 구성 및 운영규정

연구실 안전환경 조성에 관한 법률	연구실 안전환경 조성에 관한 법률 시행령	연구실 안전환경 조성에 관한 법률 시행규칙	별표, 서식 및 과학기술정보통신부 고시
제25조(연구실 사용제한 등)			
제26조(보험가입)	제19조(보험가입 등)	제15조(보험급여의 종류 및 보상금액)	
제27조(보험 관련 자료의 제출)		제16조(보험가입 내용의 제출) 제17조(보험 관련 자료의 제출)	[시행규칙 별지 제7호서식] 보험가입 보고서
제28조(안전관리 우수 연구실 인증제)	제20조(안전관리 우수 연구실 인증제의 운영) 제21조(인증표시의 활용)	제18조(안전관리 우수 연구실 인증신청 등)	[시행규칙 별표 5] 안전관리 우수연구실 인증표시 [시행규칙 별지 제8호서식] 안전관리 우수연구실 (인증, 재인증)신청서 [시행규칙 별지 제9호서식] 안전관리 우수연구실 인증서 [고시] 안전관리 우수연구실 인증제 운영에 관한 규정
제29조(대학·연구기관 등에 대한 지원)	제22조(지원대상의 범위 등)		

연구실 안전환경 조성에 관한 법률	연구실 안전환경 조성에 관한 법률 시행령	연구실 안전환경 조성에 관한 법률 시행규칙	별표, 서식 및 과학기술정보통신부 고시
제30조(권역별연구안전지원센터의 지정·운영)	제23조(권역별연구안전지원센터의 지정·운영 등)	제19조(권역별연구안전지원센터의 지정신청)	[시행령 별표 9] 권역별연구안전지원센터의 지정요건 [시행규칙 별지 제10호서식] 권역별연구안전지원센터 지정신청서
제31조(검사)			
제32조(증표 제시)		제20조(증표)	[시행규칙 별지 제11호서식] 사고조사반원증 [시행규칙 별지 제12호서식] 검사원증
제33조(시정명령)			
제34조(연구실안전관리사의 자격 및 시험)			
제35조(연구실안전관리사의 직무)			
제36조(결격사유)			
제37조(부정행위자에 대한 제재처분)			

연구실 안전환경 조성에 관한 법률	연구실 안전환경 조성에 관한 법률 시행령	연구실 안전환경 조성에 관한 법률 시행규칙	별표, 서식 및 과학기술정보통신부 고시
제38조(자격의 취소·정지처분)			
제39조(신고)			
제40조(비밀 유지)			
제41조(권한·업무의 위임 및 위탁)	제24조(업무의 위탁)		
제42조(벌칙 적용에서 공무원 의제)			
	제25조(규제의 재검토)	제21조(규제의 재검토)	
제43조(벌칙)			
제44조(벌칙)			
제45조(양벌규정)			
제46조(과태료)	제26조(과태료의 부과기준)		[시행령 별표 10] 과태료의 부과기준